하루 10분 책읽기가 삶의 강력한 무기가 된다

하루 10분 책읽기가 삶의 강력한 무기가 된다

초판 1쇄 2021년 10월 20일
지은이 김보혜 | **펴낸이** 송영화 | **펴낸곳** 굿위즈덤 | **총괄** 임종익
등록 제 2020-000123호 | **주소** 서울시 마포구 양화로 133 서교타워 711호
전화 02) 322-7803 | **팩스** 02) 6007-1845 | **이메일** gwbooks@hanmail.net

ISBN 979-11-91447-70-5 03190 | 값 15,000원

※ **굿위즈덤**은 당신의 상상이 현실이 되도록 돕습니다.

하루 10분 책읽기가 삶의 강력한 무기가 된다

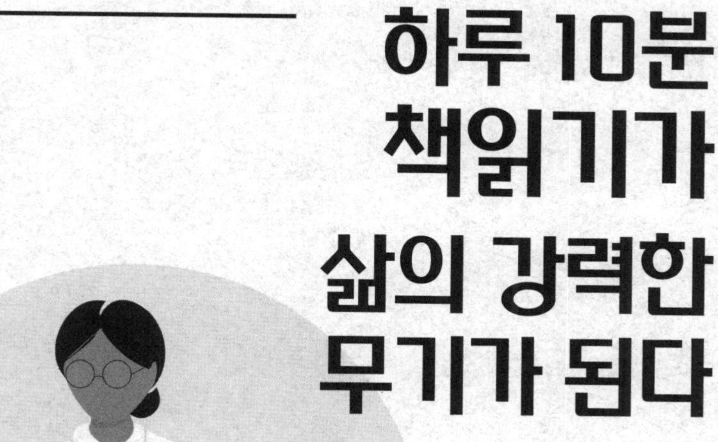

운명처럼 만난 책으로 삶이 바뀐다!

김보혜 지음

굿위즈덤

프롤로그

하루 10분 책읽기를 삶의 강력한 무기로 삼아라

"두려움 때문에 미리 포기하는 인생을 살지 말라."

사람들이 저마다 포기하고 싶어지는 지점까지 오게 되는 이유는 무엇일까? 고백하자면 나는 살아오면서 수차례 포기를 했고 삶 자체가 포기의 연속이었다.

지금 나는 잠시 생각해본다.

'나는 왜 포기하고 싶다는 생각을 할 정도로 절망적인 지점까지 나를 끌고 갔었을까?'

내가 포기의 유혹에 그토록 휩싸이곤 했던 이유는 그 당시 상황을 둘러싼 모든 조건과는 상관이 없었다. 나는 자존감도 바닥이었고, 할 줄 아는 게 없어, 그저 존재감 없는 삶을 살며 돈 버는 기계처럼 죽어라 직장을 다니고 있었다. 하지만 가난에서 벗어나지 못하고 있었다.

나는 내 실패를 내가 처한 환경, 상황 탓으로 돌렸다. 성공하려면 환경과 상황의 흐름을 내 나름의 것으로 만들 수 있어야 하는데, 내 것으로 만들기는커녕 그것을 언제나 내가 할 수 없는 이유의 훌륭한 구실로 삼고 있었다.

새로운 삶을 살기 위해서는 평소 습관대로 편안함에 안주해서는 안 된다. 새로운 미래를 위해 평소 하지 않던 행동을 해야 한다. 이러한 불편한 진실 속에서 내면에는 불안과 공포감이 조금씩 찾아온다.

하지만 내가 무언가 시도하지 않고 그 무엇에도 도전하지 않는다면 나의 삶은 절대 그 무엇도 바뀌지 않는다.

나는 더는 뒤로 물러설 곳이 없는 상황에 처해 있다.
한 발만 더 뒤로 물러나면 벼랑 끝으로 내몰리게 된다.
나는 그 벼랑 끝으로 떨어지지 않기 위해 안간힘을 쓰고 있다.

조금이라도 나의 인생에서 정말 "이렇게 살아도 괜찮을까?"라는 의문이 든다면 무엇이든 시도를 해야만 된다. 아무리 작은 것이라 할지라도 말이다.

사람들은 독서를 아주 작은 일로 생각한다. 성공자들은 독서를 하며 메모하기, 자투리 시간 활용하기, 발췌독하기, 책 내용을 자신에게 적용해서 실행하기 등 사소한 것부터 실천에 옮겼다. 이러한 작은 일이 모여서 큰 것을 이룬다는 사실을 알아야 할 것이다.

나는 '정말 이렇게 살아도 괜찮을까?'라는 질문을 나 자신에게 해왔지만 변화라는 생소한 것이 두려워 계속 미루어왔다. 하지만 그 두려움 때문에 꿈이 없는 미래를 맞이할 수는 없었다. 그렇기에 나는 한 번도 가보지 않은 길로 가보려고 결심했다. 이것은 나의 두려움에 맞서는 크나큰 도전이자, 나의 인생에 전환점을 가져다주는 시간이 되었다.

독서로 작가의 꿈을 갖게 되었고, '작가로서 내가 잘 해낼 수 있을까?' 하는 두려움이 밀려와도 하나하나 해나갔다.

독서를 통해 깨달은 삶의 이치를 나의 인생에 적용하고 실천함으로써 두려움은 조금씩 사라지기 시작했고 두렵다고 미리 포기하지 않았기에 지금 작가의 꿈을 이루었다.

나와 같이 두려움 때문에 자신의 미래에 대한 변화를 미루고 있는 사람이 있다면 이 책을 통해 새로운 미래를 위해 도전하는 삶을 살아가게 될 것이다. 나 같은 사람도 해냈기에 분명 당신도 두려움을 이기고 반드시 해낼 수 있다고 확신한다. "두려움은 행동하지 않기 때문에 찾아오는 것이다."라는 말이 있다.

이 책이 당신의 인생에 전환점이 되어 제2의 인생을 살아갈 동력을 주고, 그로 인해 당신의 미래는 꿈과 희망이 넘치는 삶으로 거듭나게 될 것이다.

마지막으로 먼저 나의 한계를 뛰어넘을 수 있게 힘을 주신 하나님께 감사드리며, 이 책이 나올 수 있게 도와주신 나의 스승 〈한국책쓰기1인창업코칭협회〉의 김태광 대표님께 진심으로 깊은 감사의 마음을 전한다. 목숨 걸고 나를 코칭을 해주시며 이끌어주시고, 끊임없는 배려와 응원을 해주셨다.

그리고 온통 부정적인 것으로 가득한 나의 의식을 긍정으로 바꿔주시며 의식 성장을 돕기 위해 늘 코칭을 해주시고 인도해주신 〈한국석세스라이프스쿨〉 권동희 대표님도 계시다. 이 두 분이 계셨기에 이 책이 탄생할 수 있었다고 해도 과언이 아니다. 이 두 분께 다시 한 번 깊은 감사의 마음을 전하고 싶다.

또한, 이 책이 빛을 발할 수 있도록 선정해주시고 도움을 주신 굿위즈덤 출판사 관계자 모든 분께도 감사의 인사 말씀과 사랑을 전하며, 내게 사랑과 기쁨을 주는 나의 남편과 아들, 딸에게도 감사의 마음을 전한다.

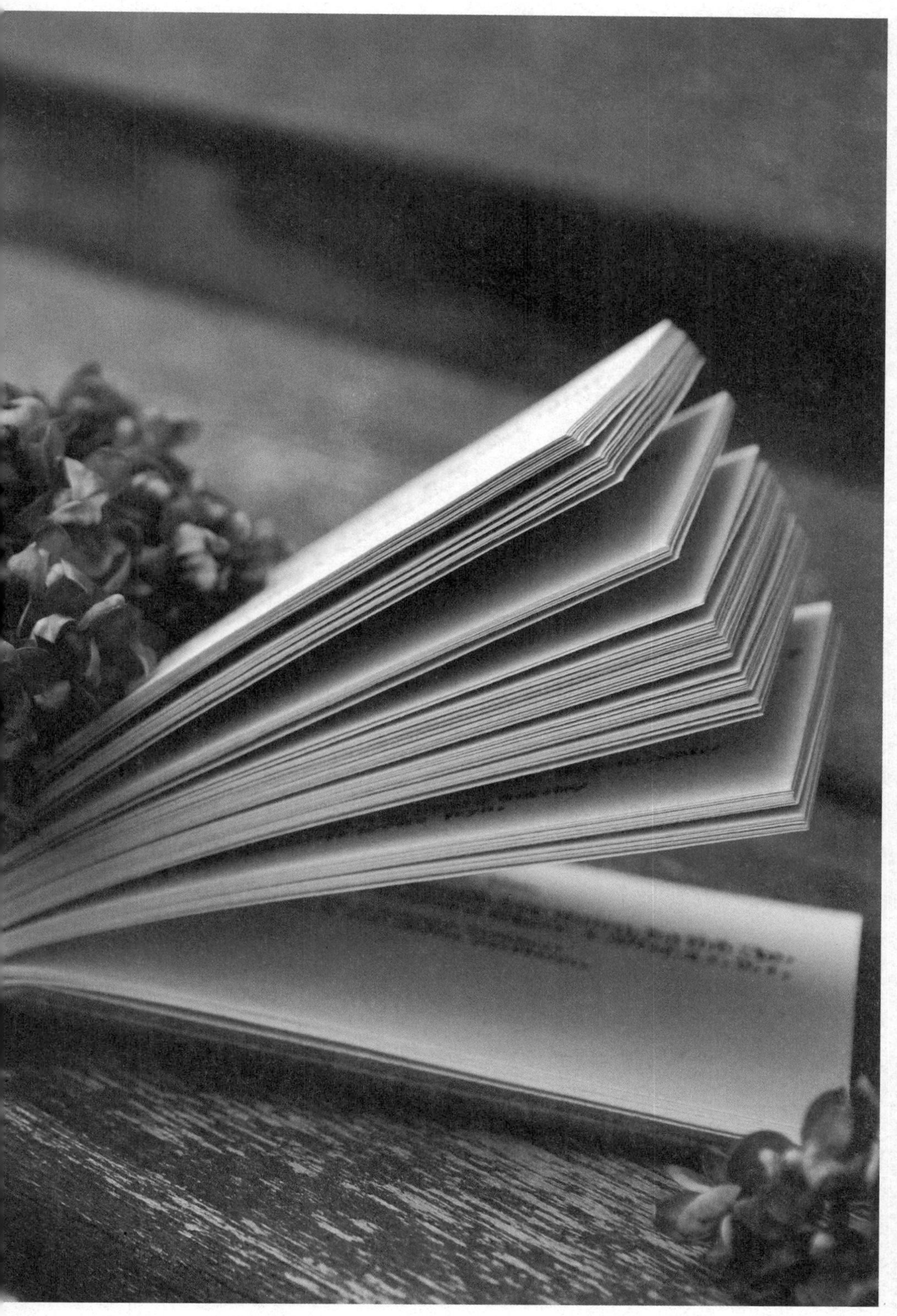

목 차

2장 운명처럼 만난 책, 삶이 바뀐다

3장 필요한 부분만 골라 읽는 것이 진짜 책읽기다

4장 독서의 효과 10배로 높이는 독서 습관

5장 나는 책으로 제2의 인생을 살게 되었다

하루 10분
책읽기가
삶의 강력한
무기가 된다

1장

이렇게 살아도 괜찮을까?

01

원하는 것을
독서에서 찾아라

오늘의 나를 있게 한 것은 우리 마을 도서관이었다.
하버드 졸업장보다 소중한 것이 독서 습관이다.

– 빌 게이츠 –

나는 책을 읽기 전에는 생각하는 대로 살지 않고, 사는 대로 생각하며 살아왔다. 나는 어릴 적부터 가정 형편이 어려워 소녀 가장으로 생활 전선에 뛰어들어 가족의 생계를 책임지고 살았다. 이렇게 살다 보니 다람쥐 쳇바퀴 돌듯 아무 의미 없는 삶을 살아가게 되었다. 나의 꿈이 있는지조차도 모르고 세월만 지나고 있었다.

그러던 어느 날 나는 우연히 만난 책 한 권으로 잃었던 꿈을 되찾게 되었고 나의 내면 저 밑바닥에 잠자고 있던 꿈을 깨우게 되었다. 이때부터 독서를 하는 시간이 행복했고 책 읽는 시간이 소중하고 귀한 시간이 되었다.

시간은 되돌릴 수 없기에 황금보다 귀하다. 그러나 나는 직장을 다니니까 힘들다는 핑계로 시간을 물 쓰듯 허비하며 무의미한 일상을 보내고 있었다. 그런데 독서를 시작한 후로 180도로 나의 일상이 달라졌다. 조금만이라도 시간을 허비하고 있다는 생각이 들면 왠지 불안하고 '무엇을 해야 시간이 아깝지 않을까?' 하고 생각을 하게 된다. 꾸준한 독서 이후로 조금씩 생활 습관이 변화되었음은 물론 하루를 알차게 보낼 수 있게 되었다. 이것이 내가 끊임없이 독서를 하는 이유이다.

"사람들은 사막에서 오아시스를 찾기 위해 애쓴다. 사막에서 오아시스를 찾는 것은 참으로 고달픈 일이다. 뜨거운 태양 빛에 온몸이 달아오른다. 몇 걸음만 내디뎌도 쓰러져 죽을 것만 같다. 이런 최악의 상황에서 오아시스를 찾는 게 과연 현명한 일인가?

과거의 나 역시 오아시스를 찾기 위해 죽을 힘을 다해 돌아다녔다. 하지만 아무리 돌아다녀도 오아시스는 찾아지지 않았다. 오히려 사막에서 길을 잃고 더 힘든 갈증과 고통에서 시달릴 뿐이었다. 그러다 어느 순간 깨달음을 얻었다, 오아시스를 찾기 위해 알지도 못하는 사막을 이리저리 헤매이고 다니는 것보다 사막에서 벗어나야 한다는 것을 사막을 벗어나 숲이 우거지고 시원한 계곡물이 흐르는 곳으로 이동해야 한다는 것을 깨달은 것이다."

– 김도사, 『100억 부자 생각의 비밀 필사의 노트』

사막에서 오아시스를 찾는 것처럼 나는 늘 직장에서 오아시스를 찾고 있었다. 아무리 오아시스를 찾으려고 발버둥을 쳐도 찾을 수 없었다. 그곳에는 오아시스가 없었기 때문이다. 나만의 오아시스는 무엇일까? '생명과 시간'이다. 나는 몇 년 전에 식품회사에 다닌 적이 있다. 아침에 눈을 뜨면 6시 45분에 통근차를 타고 회사에 출근하여 8시가 되면 현장에서 작업을 시작한다. 냉동식품 빵을 만들기 위해 배합실에서 밀가루와 모든 들어가야 할 배합 재료를 넣어 반죽을 치댄다. 물론 이 작업은 기계로 다한다. 그 반죽이 우리 작업대로 이동되면 기계가 작동되며 냉동식품 만들기가 시작된다. 기계는 전자동이지만 워낙 예민한 탓에 잠깐이라도 딴생각을 할 수 없다. 반죽이 빵의 모양을 갖추기 위해 벨트를 타고 나오는 과정에서 어딘가 한곳에서 뭉쳐버리거나 하게 되면 빵의 내용물과 반죽이 순식간에 엉망진창이 되어버린다. 로스(폐기할 반죽)가 많이 생기면 위 상사들에게 지적을 당하며 실컷 일하고 좋은 말을 듣지 못하게 된다. 온종일 반복되는 작업이다.

이곳에서 하는 일이 단순한 작업이지만 로스(폐기할 반죽)를 많이 내지 않기 위해서는 머리를 많이 써야 한다. 그 작업을 매일 하루 10시간씩 하다 보면 아무 생각이 없어진다. 지치고 지쳐 저녁 7시가 되어야 퇴근을 한다. 직장이 영천공단에 위치해 있기 때문에 퇴근 시간에는 거리가 거의 정체 상태다. 집에 오면 밤 8시, 바쁘게 저녁해서 먹고 나면 9시, 설거

지하고 청소 좀 하고 나면 10시다. 이렇게 나의 하루는 쉴 틈이 없었다. 잠자는 시간만이 나의 쉬는 시간이었다.

오직 직장과 집을 오가는 일밖엔 아무것도 할 수가 없다. 그래서 자기 발전이라는 건 생각 자체를 할 수 없고 자기 틀에 갇혀 우물 안 개구리가 될 수밖에 없었다. 개구리가 아무리 발바닥에 땀이 나도록 뛰고 헤엄을 쳐도 우물 안이다. 그 우물 안 개구리가 되어버린 사실조차도 모르고 살아간다. 그러한 삶을 계속 살아가다 보면 정말 머리는 멍해지고 자기 발전이라는 것은 찾아볼 수가 없다.

지금 생각해보면 내가 그 직장을 그만둔 것이 얼마나 잘한 일인지 모른다. 그 회사를 그만둔 것에 대해 나 자신을 칭찬해주고 싶다. 왜냐하면, 내가 아직도 그 직장에 다녔다면 지금의 나는 없을 것이고 독서를 한다든가 자기계발을 한다든가 하는 일은 꿈도 못 꿀 일이기 때문이다.

그나마 조금 시간의 여유가 있는 다른 직장으로 옮긴 후 책도 읽고 생각을 하며 나의 미래를 생각해볼 만한 시간의 여유를 가질 수 있었다.

"당신이 원하는 것, 그것이 다른 사람들에게 미친 소리처럼 들려도 상관없습니다."

영화 〈터미네이터〉로 유명한 아놀드 슈왈제네거는 세계 최고의 보디빌더, 영화배우, 사업가, 정치인이라는 타이틀을 한꺼번에 가지고 있다.

그는 15세에 보디빌더가 되었다. '지구상에서 상체 근육이 가장 잘 발달한 사람'으로 기네스북에 올랐다. 이후 배우로서 10여 년간 무명 시절을 보냈으나 포기하지 않고 정진해 〈터미네이터〉로 스타가 되었다. 그리고 사업가의 길을 걷다가 캘리포니아 주지사에 당선되었다.

그가 새로운 꿈에 도전할 때마다 많은 사람이 '안 된다'고 말했다. 모두 그의 목표를 비웃고 만류하고 우려했다. 그러나 그는 꿋꿋이 자신의 꿈을 향해 직진했고 결국 보란 듯이 실현했다.

"당신이 정말 이기고 싶다면, 어떤 방법도 없습니다. 정말 노력하는 것 밖에는 말이죠."

아놀드 슈왈제네거가 주위의 많은 사람이 '안 된다'고 말하고 비웃으며 만류할 때 자신의 꿈을 향해 꿋꿋하게 전진을 해나간 것처럼 나 또한 식품회사를 그만두려 한다고 가족들이나 지인들에게 말을 했을 때 응원해 준 사람들도 있었지만 대부분 걱정하며 나의 길을 막아섰다.

하지만 나는 이 회사에 다니는 한 아무것도 할 수 없고 늘 나 자신이 후퇴하고 있다는 생각에 더는 회사에 나가고 싶지가 않았다. 그렇지만 결단하기란 그리 쉬운 일이 아니었다. 다니던 식품회사와 이직을 하려고 하는 회사와 월급 차이가 100만 원 이상 차이 났기 때문이다.

그렇지만 나의 미래를 위해 결국 계획대로 회사를 퇴사하고 나의 시간을 가지게 되었다. 지금에 와서 돌아보면 아주 탁월한 선택이었고 이 시간을 확보한 것으로 나는 책을 통해 나 자신의 인생을 바꾸고 싶은지 스스로 질문하며 나의 마음을 들여다보고 있었다.

책을 읽는다는 것은 심장을 요동치게 하고 새로운 꿈을 찾을 수 있는 인생 터닝 포인트를 만들어주기도 한다. 나는 암울한 미래를 맞고 싶지 않다. 나 자신의 한계를 극복하기 위해서 지금까지의 내 모습과는 다른 정반대의 행동을 하기 시작했다.

친구들에게 도움을 받는 처지가 아닌 도움을 주는 사람으로, 다른 사람의 말을 듣는 처지가 아닌 말을 하는 사람으로, 다른 사람이 만들어놓은 시스템 속에 현대판 노예가 아닌 나 자신이 스스로 나의 인생 계획을 세우고 바꾸기 위해 노력하는 사람이 되어가고 있다.

지금 내가 작가가 되겠다고 꿈을 품고 앞으로 전진을 해나가는 이 행동조차도 나에게는 새로운 도전이고 파격적인 행동이다. 그 결과 변화라는 기적이 일어나기 시작한다. 때로는 두려움과 긴장된 상황을 극복했던 순간들 속에서 모든 생각과 행동들은 모두 나 자신에게서 비롯된다는 것을 깨닫게 된다. 나 자신의 믿음의 크기를 키우기 위해서 강한 자신감을 찾고 희망을 바라보게 하며 빛을 찾는 독서를 하기를 원하고 있다.

나는 늘 급변하는 시대에, '어떻게 미래를 준비해야 할까?' '정말 이렇게 살아도 괜찮을까?'라는 생각을 많이 한다. 늘 나의 삶은 더 나아지는 것이 보이지 않았기 때문이다.

나는 힘들고 어렵고 지쳐 있을 때 독서를 한다. 독서를 하면 마음이 편안해지고 나의 마음 한구석이 성장하는 느낌을 받는다. 그리고 독서를 하면 잃었던 힘을 얻게 되고, 복잡한 생각을 정리할 수 있다.

나는 책 읽는 시간이 즐겁고 행복하며 이 행복을 깨달은 순간부터 나는 이 행복을 놓치고 싶지 않아졌다. 이 행복한 순간에 나는 원하는 것을 독서에서 찾는다.

02

시련은 변형된 축복이다

모든 시련은 결국에는
축복이 되기 마련이다.

– 리처드 바흐 –

우리의 삶이라는 여정이 늘 평탄하지만은 않다. 때로는 사나운 비바람을 만나기도 하고 때로는 거친 폭풍우를 만나기도 한다. 그 과정에서 뼈를 깎는 고통이 있지만, 우리가 끝내 절망하지 않는 건 결국 그 시련으로 인해 성장할 것이기 때문이다.

그리고 우리의 인생에 있어 극복할 수 있는 적당한 시련과 실패는 소중한 자산이 된다. 세상은 결코 우리가 생각하는 것처럼 그렇게 호락호락하지가 않다. 위기는 기회로 시련은 변형된 축복과 성장의 디딤돌로 받아들이며 살아가야 한다. 왜냐하면, 시련 속에서 위기를 극복하려는 우리의 잠재된 힘과 인내심을 발견할 수 있기 때문이다.

시련은 인내심이라는 단어를 찾아내어 자기의 것으로 만드는 것에 쓰임 받을 때 가장 빛나는 것이다. 우리가 이 시련을 잘 이겨내려면 또한, 반드시 그 대가를 지급해야 한다.

나는 처음 용역회사를 통해 식품회사에 입사했다. 처음에는 용역이 무슨 뜻인지도 몰랐다. 회사에 들어간 후에 취업 대행업체를 통하여 입사하게 되면 용역이고, 본 회사로 직접 들어오게 되면 정직(정식 직원)이라고 말한다는 것을 알게 되었다. 용역으로 입사하는 것과 정직으로 입사하는 것은 대우가 달랐다. 같은 일을 해도 정식 직원만이 그 분야의 핵심적인 일을 하게 되고, 월급과 각종 수당 체계도 달랐다. 용역으로 입사를 하게 되면 그 일을 돕는 일과 허드렛일을 주로 하는 것이다.

용역과 정식 직원의 입사 조건은 별 차이가 없었다. 용역 업체와 본사 중 전화를 어디로 하느냐에 따라 용역과 정식 직원으로 구분이 이루어진다. 이렇게 그 회사에 취직해 일하다가 용역과 정직의 차이를 알게 되었다.

나는 어떻게 하면 정직으로 전환이 되는지 궁금하기도 했었는데 같이 일하는 동료가 '너는 아직 나이도 젊고 일도 잘하는데 정직으로 하지 그랬어.' 하며 방법을 알려주었다.

그 동료가 고맙게도 반장에게 나의 이야기를 해주었고, 그 부서의 팀장인 부장님에게 나의 얘기가 전해지게 되었다. 부장님이 나에게 몇 가지 질문을 하고 야간 일도 할 수 있냐고 질문하길래 할 수 있다고 얘기를 했다. 그리고 한참의 시간이 지나 정직으로 발령이 나는 과정에서 나는 무슨 일이 있었는지 알지 못했다.

그런데 그 과정에서 내가 다른 방법으로 손을 썼다는 오해를 받게 되었고 부장은 나를 부당한 방법으로 괴롭히기 시작하였다. 작업 중 남자들이 하는 가장 힘든 일을 시키며 '네가 못 견디면 떨어져 나가라'는 식으로 아예 노골적으로 싫은 감정을 드러내며 나에게 고통과 시련을 가했다. 그 일로 인해 나는 회사에서 안줏거리가 되어 왕따 아닌 왕따가 되어버렸다. 나는 이 일을 어디에다 하소연해야 할지도 몰라 눈물이 왈칵 쏟아졌고, 눈 앞이 캄캄했다.

나를 정식 직원으로 전환해주려고 애를 쓴 반장도 어처구니가 없는지 나에게로 다가와 "아무 말 하지 말고 꾹 참고 기다려."라고 하면서 그리 오래는 걸리지 않을 거라고 했다. 영문도 모르는 채 참으려고 하니 가슴이 터질 것 같고 미칠 지경이었다.

나는 늘 작업을 하면서 '나는 하나님의 자녀다!'라고 외치며, '여기에서 만약 내가 그만두고 나간다면 사람들의 잘못된 오해를 인정하는 것이다.' 라고 생각했다. 그래서 이를 악물고 참고 기다리자고 마음먹었다. 진실은 언젠가는 밝혀질 것이라며 나 자신을 스스로 위로하고 견뎌내기로 했다. 간, 쓸개를 다 끄집어내어 집에다 내려놓고 출근을 하고 하루하루를 인내로 이겨나가고 있었다.

마음을 비우고 그 일도 자꾸 하니 작업 방식이 몸에 익혀졌는지 노하우도 생기고 회사 생활이 견딜 만했다. 그래서 생각과 마음을 바꾸기로 마음먹었다. 열심히 웃으면서 일을 했다. 현장 안에서 부장님을 만나면 깍듯이 인사를 했다.

그리고 시간이 좀 흐르고 회사 현장에 HACCP(해썹)이란 식품안전관리인증 심사가 나온다는 소식이 들렸다. 그리고 부장님이 현장 점검으로 실사를 나와서 나를 보고 그동안 고생했다고 반장을 불러 작업복과 작업화를 새것으로 가져다주라고 하며 나를 메인 부서로 옮겨주었다. 부장님이 심사가 끝난 직후 정년퇴직을 하는 바람에 그 이유를 물어보지도 못하게 되었다.

그 이후로 그 누구도 나를 괴롭히는 사람이 없었다. 회사에서도 인정을 받으며 메인 작업과 기계 조작 등 여러 가지를 가르쳐주었고 나는 그

곳에서 중요한 사람으로 자리매김하고 있었다.

이렇듯 시련이든, 도전정신이든, 용기든, 노력이든, 반드시 그 대가를 치러야만 목표를 달성하고 성공을 얻을 수 있다. 이 평범하지만 값진 진리를 깨닫고 난 후 시련이라는 걸 다시 보게 되었다. 방법은 다르겠지만 세상 어느 곳이든 무슨 일이든 시련은 오게 마련이다.

내가 그 시련을 잘 극복하고 메인 작업으로 옮겨진 것처럼 인생에서 어느 하나도 쉬운 일과 그저 주어지는 일은 없다고 생각한다.

많은 사람이 인생을 마라톤에 비유해 말하곤 한다.

지금 인생의 마라톤에서 완주를 목표로 새로운 출발선에 선 나에게 또 다른 시련이 기다리고 있을 것이다. 이 시련을 지혜롭게 잘 극복하려면 나에게 가장 필요한 것은 무엇일까?

먼저 부정적인 생각과 드림 킬러를 제거해야 할 것이다.

1. 사는 게 힘들다.
2. 난 할 수 있는 게 없다.

3. 가난해서 못 한다.

4. 나는 못 배워서 할 수 있는 게 없다.

5. 너는 할 수 없어!

6. 네가 작가가 된다고?

7. 송충이는 솔잎을 먹고 살아야 한다.

8. 그냥 평범하게 사는 게 최고다.

9. 욕심부리지 마라.

10. 돈은 아무나 많이 버냐?

이렇게 말하며 좌절하고 있을 시간이 없다. 나의 꿈을 순식간에 밟아버리는 부정적인 생각을 몰아내고, 주변 사람들의 부정적인 말들, 이 드림 킬러들을 물리치기 위해 나는 계속 독서로, 영상으로 의식의 성장을 하고 있다.

나는 인생의 마라톤 경기에서 어느덧 절반의 코스를 지나왔다. 지금은 100세 시대라고 말을 한다. 그러면 아직 대략 50년이 남아 있다. 이 남은 50년을 어떻게 준비해 나갈 것인가?

나는 이 50년의 남은 인생을 위해 새로운 삶에 도전했다.

나는 작가의 꿈을 이루고 이렇게 오늘도 글을 쓰고 있다.

예전에 나는 아무 의미 없이 시간을 보내는 식으로 삶을 살았다. 시간이 생길 때 그동안 못 본 드라마를 섭렵하리라는 각오로 초집중하여 TV 시청을 하거나, 친구에게 전화를 걸어 카페에 가서 몇 시간씩 수다를 떤 적도 많았다. 그러나 나는 많이 달라졌고 지금은 그렇지 않다.

차를 타고 지나다 보면 카페에 두세 명이 앉아 하염없이 수다를 떨고 있는 모습을 본다. 물론 그곳에서 미래를 준비하는 사람도 있을 것이다. 그러나 지난 나의 모습을 떠올려보면 아찔하다. 많은 사람이 미래를 위해 얼마나 피나는 노력을 하는가? 많은 사람이 자기 발전을 위해 노력하고 고민하고 있지 않은가! 이제 나도 미래를 위해 바뀌고 있다. 축복이 시련이라는 옷을 입고 나에게 찾아오는 것을 알고 있다. 이제 나는 시련이 오면 반갑게 맞을 준비가 되어 있다. 시련 뒤에는 준비된 황홀한 축복이 함께 온다는 것을 알기 때문이다.

03

내가 행복해야 다른 사람도 행복하게 만들 수 있다

사람들이 진정한 행복을 느낄 수 없는 것은
자꾸만 먼 곳에서 행복을 찾으려 하기 때문이다.

– 김도사, 『하루 10분 글쓰기의 힘』 –

"우리가 살아가는 삶의 과정에는 참 다양한 변화들이 있다. 어떤 날에는 그런 변화로 인해 기쁨과 행복이 가득 차오른다. 또 어떤 날에는 온종일 슬픔에 빠져 있을 때도 있다. 이렇듯 인생에는 행복과 슬픔이 고루 섞여 있다.

진정 행복을 느끼며 살아가는 사람은 어떤 계기 때문에 기뻐하지 않는다. 우리는 날마다 생활에서 겪게 되는 모든 일과 변화를 온전히 받아들이며 사랑하기 때문에 행복하다. 세상에는 다양한 모양의 행복들이 있다. 마음은 현실을 만드는 공장과 같다. 지금, 이 순간 어떤 마음을 품고 살아가고 있느냐에 따라 미래가 달라진다."

당신에게 가장 소중한 행복은 무엇입니까?

예전에는 나와 행복은 거리가 멀다고 생각했다. 늘 회사, 집의 테두리 안에서 반복된 삶을 살아가며 시간에 쫓기고 허덕이며 살아왔다.

삶에서 마음의 여유, 생각의 여유라는 것이 없었고, 무엇이 그리 바쁜지 마음은 항상 분주하고 뭔가에 쫓기고 있는 사람 같았다. 이름을 밝힐 수 없어 그냥 모 회사로 정하겠다. 모 회사에 코디로 6년간 근무를 한 적이 있다.

일주일에 두 번은 출근하며 월요일, 수요일은 영업하는 날이었다. 오더(order: 제품 주문 계약서)가 있는 날은 왠지 출근길이 즐겁고 발걸음도 가벼우면서 콧노래가 나온다. 오더가 없는 날은 마음부터 무거워지면서 사무실 문을 열고 들어가기가 무섭고 떨린다. 이런 날은 오더를 할 때까지 퇴근하지 못한다. 온종일 사무실에 앉아 고객들에게 계속 전화를 돌려야 했다.

바로 영업 전화다. 만약 지국(한 지역을 담당하고 있는 사무실) 데이(day)일 때는 영업이 더욱 치열하다. 이날은 지국끼리 경쟁을 한다. 영업 개수에 따라 성공한 지국에는 여러 가지의 사은품과 프로모션이 준비되어 있다. 코디들이 오더를 성공하지 못할 때 몰래 빠져나가기도 하기에 가지 못하도록 문을 걸어 잠그고(물론 지국장의 성향에 따라 다르지만) 사무실 안에서 밥까지 해먹이면서 전화를 걸고 영업을 하게 한다.

갑자기 영업 전화를 한다고 고객이 기다렸다는 듯이 계약을 해줄 리 만무하다. 주로 정수기, 비데, 공기 청정기, 음식물 처리기, 렌탈이 5년 만기가 되는 고객들의 리스트를 뽑아서 전화를 돌린다. 그러다 운 좋게 고객들이 새로운 제품으로 교체를 하면 오더를 넣고 사무실을 여유 있게 빠져나갈 수가 있다. 나머지 날은 고객들과 만남을 약속하고 고객들 집으로 방문해 제품을 점검해야 한다.

한 달간 점검을 150개~200개 정도 하면 삶에 시간의 여유는 좀 있지만 돈이 안 되고, 250~300개 정도 점검을 하게 되면 시간의 여유나 마음의 여유는 절대 가질 수 없지만 돈은 좀 된다.

아무리 고객들과 약속을 하고 방문을 한다고 해도 고객들은 깜빡하거나 약속 장소가 아닌 다른 곳에 있을 때가 있다. 그럴 때면 하루 계획에 차질이 생기고 그날 빠진 고객은 월 말로 넘어가기 때문에 약속을 계속해서 반복적으로 잡아야 하고, 퇴근해서도 계속 고객들과 연락을 하며 다음날 일정을 잡아야 한다. 그리고 다음 날이 또 출근 날이라면 점검할 때나 아님 퇴근해서라도 영업 전화를 돌려야 한다.

그 영업 전화와 다음 날 일정 잡기가 보통 힘든 게 아니다. 전화를 다 하고 일이 끝나면 몸과 마음은 초토화가 된다. 영업의 스트레스와 매일 일정 잡기가 퇴근후 근무의 연장전이 되기에 집에서도 제대로 쉬지 못하고 9시 정도에서 10시가 되어서야 일이 끝이 난다. 그러니 저녁도 먹는 둥 마는 둥 하고 집안일 조금 해놓으면 금방 밤 열두 시가 되어버린다.

월 말에는 오더도 해야 하지만, 월 렌탈료가 입금되지 않은 고객들 상대로 또 전화를 돌려야 한다. 입금율 100%가 되어야 그래도 체면이 좀 서게 된다.

그렇게 하지 못할 때는 고객 집에까지 찾아가야 하는 번거로움이 생긴다. 이럴 때 제일 난감하다. 그때는 우리 둘째 아이가 여섯 살 정도 되어 혼자 집에 있지 않으려 했기 때문에 차에 태워 데리고 다니며 입금율을 맞추어야 했다. 한 번은 우리 아이를 데리고 렌탈료를 받으러 간 적이 있었다. 그런데 아이가 잠들어버려 깨우지 않고 렌탈료만 받아와야겠다고 생각하고 아이를 차에 둔 채 고객의 집으로 들어갔다.

그런데 고객이 바로 결제를 하지 않았다. 얘기가 점점 길어졌다. 나는 차에 아이를 두고 왔기에 마음은 바늘방석에 앉아 있는 듯했다. 고객 집에 방문할 때는 햇볕이 있었는데 나올 때는 어두컴컴한 밤이 되어버렸다. 아니나 다를까 안 좋은 느낌은 늘 적중한다. 아이가 차에서 자고 일어나 무섭다고 울고 있었다. 얼마나 울었는지 목이 다 쉬었을 정도였다. 아이를 안아주며 나도 울었다. 아이가 놀랐을까 봐 정말 미안하고 아이한테 "엄마가 너 혼자 두고 가서 정말 미안해."라고 울며 말했다.

'나는 왜 이렇게밖에 살 수 없나' 싶은 생각이 들며 지치고 힘들어 나도 엉엉 울고 있으니 아이가 "엄마 울지 마." 하면서 나의 눈물을 닦아주었다. "엄마, 나 안 울게. 울지 마." 하며 나의 눈물을 닦아주던 고사리 같은 손을 보니 능력 없는 부모 만나 아이가 고생한다 싶어 더더욱 눈물이 솟구쳤다. 이 아이들에게 가난을 물려줄 수는 없다고 생각했다. 얼마나 열심히 일했는지 모른다. 그러나 우리의 생활은 나아지지 않았다. 그래서 나는 늘 불행하다고 생각했다. 나의 행복은 저 멀리 산 너머에 있는 줄 알았다.

어느 날 한 고객 집에 정수기를 점검하러 갔다. 어른은 아무도 없고 지체 장애인 아이가 나를 기다리고 있었다. 몸도 제대로 가누지 못하고 말도 제대로 하지 못하였다. 밥도 아이가 차려 먹지를 못하니 엄마가 아침에 출근하면서 손이 닿는 곳에 밥상을 차려 놓고 가셨다. 식사가 점심시간까지 차려져 있으니 밥이며, 반찬도 모두 말라 있었다.

나는 점검하는 내내 마음이 편칠 않았다. 점검을 끝내고 나는 고객의 집을 나오면서 만감이 교차하였다.

아이를 혼자 두고 출근해야만 하는 저 부모의 심경은 어떨까 하고 생각하니 너무 안쓰럽게 느껴져 가슴이 미어지기 시작했다. 늘 가난하다고, 늘 일만 해야 하냐고, 나도 좀 쉬고 싶다고, 불평불만에 가득 차 있었다. 저 가정을 보니 내가 가지고 있던 생각과 모든 것을 보는 시야가 바뀌기 시작했다.

늘 색안경을 끼고 세상을 바라보다 새로운 눈으로 바라보니 모든 것이 달라 보였다. 모든 것이 감사할 것이고 행복의 조건이었건만 경제적으로 힘이 든다고 모든 불행이 나의 불행인 양 느끼고 있었던 것에 새삼 부끄럽고 고개가 절로 숙여졌다. 지금 생각해보면 나를 돌아보고 행복을 생각할 여유가 없었던 것 같다. 모든 일에 지쳐 있었고 나와 행복은 상관이 없다고 생각했다.

행복을 얻기 위해서는 모든 것에 감사하며, 만족할 줄 알아야 한다. 만족하며 사는 마음, 이것은 세상에서 가장 행복해지는 비결이다. 만족은 행복으로 가는 지름길이다.

나는 행복으로 가는 지름길을 놔두고 자꾸만 멀리 돌아서 가고 있었다. 나는 40대까지만 해도 다른 사람을 행복하게 해줄 수 없었다. 왜? 내가 행복하지 않았기 때문이다.

하지만 지금은 다르다. 많은 세월을 살아오면서 나의 모난 성격도 세월의 풍파 속에서 이리 깎이고 저리 깎이며 모난 돌이 아니라 둥글둥글한 돌이 되었다. 어디를 갖다 놔도 잘 어울리는 사람이 되었다. 지금에 와서 보면 행복의 조건이 너무나 많다.

◎ 오늘 운전할 때 신호가 도깨비방망이가 요술을 부린 것처럼 파란불로 착착 바뀌며 한 번도 신호를 받지 않고 통과한 일.

◎ 교회에 늦었다고 종종걸음으로 달려갔는데 알고 보니 시간을 잘못 보아서 30분 일찍 도착해 여유로웠던 일.

◎ 커피를 마시고 종이컵을 쓰레기통에 바로 골인시킨 일.

◎ 볼일 보고 왔더니 딸아이가 설거지를 깨끗하게 해놓은 일.

◎ 내가 손을 다쳐, 남편이 애호박을 채를 썰어준 일(살아오면서 처음 있는 일).

◎ 아들이 비엔나소시지 야채볶음 해달라 하면서 소시지에 칼집 넣어 주며 수다도 떨어준 일.

◎ 시집에서 나 손 다쳤다고 시어머니랑 남편이 밥도 차려주고 설거지도 해준 일.

◎ 온 가족들 모두 건강한 일.

◎ 꽃들을 보며 아름다움을 느낄 줄 아는 마음.

……

이렇게 행복의 조건이 차고 넘친다. 이런 일을 해준 딸, 아들, 남편, 가족들에게도 고맙다고 서로 인사를 나누면 모두 다 행복해진다. 사소한 것들이지만 그냥 지나치게 되면 아무런 감동도 일어나지 않지만 감사와 고마움을 표현하는 순간 행복이 두 배로 커지고 온 집안에 웃음이 넘치는 즐거운 분위기가 감돌게 될 것이다.

하나의 행운을 얻기 위해 수많은 사소한 행복의 가치를 잃어버린다는 것은 참으로 어리석은 일이다. 내가 어떻게 마음을 먹느냐에 따라 나도 행복해지고 다른 사람도 행복하게 만들어줄 수 있는 마음의 여유가 생기게 될 것이다.

04

독서를 통해 인생의 방향을 수정해가라

훌륭한 책을 읽는 것은 거인들의 어깨 위에 앉아서 세상을 바라보는 것과 같습니다.
그 폭넓은 앎과 비범한 능력을 빌려 세상을 넓게 바라보고 이해할 수 있게 됩니다.

– 장석주 –

독서는 인생을 보는 시각을 달라지게 만들어준다.

"여러분들은 독서를 얼마나 하십니까?"

많은 사람이 자신이 원하는 삶을 살기 위해 치열하게 살고 있고, 또 어떤 사람들은 현실이라는 벽에 부딪혀 원하는 삶과는 다른 삶을 살면서 꿈을 상상하는 것으로 만족하며 살아간다.

분명한 것은 현재 자신의 위치는 과거에 자기 자신이 선택하여 나온 결과라는 사실이다.

나는 어릴 적부터 소녀 가장으로서 먹고살기에 바빠 책 한 권 읽은 적이 없었다. 책 한번 읽어보려고 책을 펼치는 순간 잠이 쏟아졌다. 잠이 오지 않는 날에도 책만 펼치면 언제 잠들었는지도 모를 정도로 잠드는 게 순식간이었다. 책이 나에게는 수면제였다. 그만큼 책은 나에게 흥미를 주지 못했고 나는 책에서 더욱더 멀어져갔다. 그 이후로 난 책에 손길도, 눈길도 주지 않았다.

아무 생각 없이 흘러가는 대로 살아가며 모 회사 코디로 근무하고 있을 때의 일이다. 한 고객 집에 정수기 점검을 하러 갔었다. 오후 4시 정도 되었을까? 점검을 막 시작하려는 그때 초등학교 6학년 정도로 보이는 여자아이가 집 문을 열고 들어오며 "다녀왔습니다, 할머니." 하고 인사를 했다. 나는 계속 정수기 점검을 하고 있었고 고객이 아이에게 간식을 챙겨 주고 있었다.

아이가 책 한 권을 들고 식탁에 앉았다. 내가 보기에 그 아이는 간식은 뒷전이고 책에 푹 빠져 있었다. 할머니가 아이를 돌보며 집안일을 맡아 보고 계셨다. 할머니가 딴 곳에서 집 정리를 하고 계시다가 아이 곁으로 오시더니 "또! 또! 책을 읽고 있나? 책 좀 그만 읽고 간식 먹어라." 하시며, 아이가 읽고 있는 책을 빼앗았다.

나는 생전 처음 보는 광경에 다소 놀랐다. 대부분 책을 안 읽는다고 엄마, 아빠, 할머니들이 책을 억지로라도 읽히려고 야단도 치고 타이르기도 하며 안간힘을 쓴다. 어떻게 하면 우리 아이들이 책을 읽을까 하며 억지로 아이를 서점으로 데리고 가 읽고 싶은 책 골라보라고 사정사정하며 아이들에게 애원하다시피 책을 권한다. 아이들은 억지로 선택한 만화책 한 권을 들고 슬그머니 내민다. 그런데 이 고객 집은 다른 가정과는 반대의 분위기였다.

나는 점검하는 내내 아이를 살펴보았다. 그 아이는 정말 책을 사랑하는 것 같았다. 할머니가 책을 압수할 정도로 책읽기를 너무 좋아한다고 했다.

할머니께서 이런저런 이야기를 해주시는데 아이의 어머니도 전문직을 가지고 있고 아빠도 전문직에 종사하고 계시다고 하셨다. 그 가정에 아이가 셋이 있는데 유독 저 아이가 먹는 것에는 관심이 없고 오로지 책 읽는 것에만 관심을 쏟을 뿐이라고 하셨다. 저 아이는 학원을 안 가도 자기 반에서 1등을 하고 있다고 하셨다.

그러니 혼도 못 내고 밥은 잘 안 먹으니 건강이 좋지 않아 아이가 몸이 많이 약하다 하고 걱정하셨다. 아이는 책을 읽으며 웃다가 울다가, 완전 몰입이 되어 아예 책 속에 주인공이 되어가고 있었다. 또한, 할머니랑 대화할 때 아이가 쓰는 단어들이 평소에 아이들이 쓰는 단어가 아니었다. 내가 듣기로는 고급스럽고 세련된 단어들이 한 번씩 툭툭 튀어나오는 것이 느껴졌다.

지금은 어떤 단어를 썼는지는 잘 기억이 나질 않지만, 그때 내가 한 생각으로 '아이가 어떻게 저런 단어를 쓰지?' 하며 감탄과 감격을 했던 기억이 난다. 그리고 보니 온 집 안이 책으로 도배되어 있었다. 나는 점검을 마무리하고 인사를 나누며 고객 집에서 나왔다.

점검하는 동안 그 아이를 보며 마음이 훈훈했고 책이 저렇게 재미가 있을 수 있나 싶었다. 그 아이를 통해 나 자신을 한번 돌아보았다. 나는 몇십 년간 책 한 권 읽지 않고 살아왔다. 나는 그 아이가 존경스러웠다. 제대로 된 책 한 권 읽지 않고 살아온 어른보다 낫다는 생각이 들었고 그 아이를 통해 나도 다시 책을 읽기로 마음을 먹었다.

'한 아이의 모습을 보고 책을 읽어야 하겠다고 마음을 먹었으면 실천을 해야지!' 하며 서점으로 갔다. 서점에 와본 지가 얼마 만이었을까? 서점의 분위기도 많이 바뀌어 있었고 아주 깔끔해서 좋았다. 서점의 분위기는 여기저기 앉아서 책 읽는 아이들과 어른들로 조용하면서도 활력에 차 보였고, 자기의 인생과 꿈을 찾아줄 책들을 찾는 사람들을 보니 서점에 온 감회가 새로웠다.

새 책 냄새가 나의 코끝을 자극했다. 책을 읽으려고 책을 사러 갔는데 무슨 책을 읽어야 할지를 몰랐다. 여러 책 제목을 훑어보며 한참을 걷다가 책 한 권이 눈에 들어왔고, 이지성의 『꿈꾸는 다락방』을 선택했다.

이 책의 서문에서는 '당신의 꿈을 시각화'하라고 한다. 꿈? 나에게 꿈이 있었던가? 나의 꿈은 무엇이지? 이 첫 대목에서 더 뒤로 넘어갈 수가 없었다. 나의 꿈은 있는가? 있다면 무엇이지? 아무리 생각을 해도 꿈이 없는 것 같다. 나는 꿈도 하나 못 가지고 살아왔나 싶은 생각에, 나 자신이 너무 한심하다는 생각이 들었다. 그 책을 더 읽어나갈 수가 없었다. 왜? 나의 꿈을 찾지 못했기 때문이다. 나의 꿈은 무엇인가? 계속해서 나 자신에게 질문하며 일을 하고 있었다. 며칠이 지났을까? 오전 동안 고객들과 만나고 점검으로 인해 지쳐 있는 몸으로 혼자서 점심을 먹고 있는데 갑자기 아주 옛날 국민학교(지금의 초등학교) 시절 자기의 꿈이 무엇인지 장래 희망을 적어내라고 한 기억이 났다. 그 기억을 더듬어 올라가보니 첫째가 간호사, 둘째가 작가였던 것이 기억이 났다. 앗! 난 밥을 먹다 말고 너무 기뻐 어쩔 줄을 몰랐다.

나도 꿈이 있었다는 생각에 너무 기뻤다. 아, 나도 꿈이란 게 있었구나! 나도 꿈이란 게 있었어!!! 갑자기 눈물이 났다. 이런 멋진 꿈을 품고 있었는데도 꿈이 있었던 것조차도 까마득하게 잊어버리고 살아온 나의 삶은 무엇일까? 얼마나 꿈에 대해서 생각하지 않고 살아왔으면 이 꿈을 찾는 데 몇 날 며칠이 걸리는 것일까? 생각하게 되었다.

이제 나도 잃었던 꿈을 찾았다. 지난번 읽다가 그만둔 책을 다시 펼치며 읽어나가기 시작했다. '시각화의 힘.'

꿈의 공식 R=VD
생생하게(vivid) 꿈꾸면(dream) 이루어진다(realization).

생생하게 꿈을 꾸면 이루어진다는 말이다. 이 책을 다 읽고 나는 깊이 묻어두고 있었던 꿈을 이제 생생하게 꿈꾸기로 마음먹었고 상상을 해보려고 노력을 기울였지만 쉽지는 않았다. 그렇지만 조금씩 매일 상상하기 연습을 하면서 조금씩 조금씩 나의 상상력도 좋아지는 것을 느꼈다.

이렇게 나는 한 아이를 통해 독서를 할 힘도 다시 얻게 되었다. 나는 작가가 되기 위해 생생하게 나의 꿈을 그리기 시작했다. 나는 작가의 꿈을 그리며 내가 왜 작가가 되어야만 하는지 그 이유를 질문하기 시작했다. 왜 내가 작가가 되어야 하지? 왜 내가 나의 인생에서 성공해야만 하지? 그 이유를 찾아야만 했다. 하나님은 왜 나를 사람으로 태어나게 하셨을까? 사람이 아닌 동물로 태어날 수도 있고 수많은 벌레 중에 하나로 태어날 수 있었다. 하나님의 자녀로 삼아주신 이유가 있을 것이다. 나의 삶에서 하나님의 증인이 되고 이 지구상에 헐벗고 굶주린 사람들을 돕고 그들을 영적으로 살리는 영적 대사로 부르셨음을 알게 되었다. 이렇게 나는 독서를 통해 인생의 방향을 수정해가기 시작했다.

05

지금 당신은 어떤 미래의 모습을 그리고 있는가

자신이 성공하는 내면의 그림을 마음속에 명확히 각인시켜라.
이 그림을 끈질기게 간직하고 결코 희미해지도록 내버려두지 마라.

– 노먼 빈센트 필 –

성공을 이룬 사람들에게는 사람들이 찬사를 보낸다. 그러나 실패한 사람에게는 차갑다. 냉대와 절망밖에는 남겨지지 않는다.

내가 알고 있는 성공한 사람들은 보통 사람들과는 다른 점을 가지고 있다. 많은 사람이 시련 앞에 좌절하거나 다른 길을 선택했을 때 그들과 달리 성공한 사람들은 절대로 절망하지 않는다는 것을 알게 되었다. 비록 실패는 했지만 자기의 뜻을 굽히지 않았고, 그 실패 속에서 새로운 가능성을 찾아내었다.

인생의 모든 기회는 꿈을 잃지 않고 현실에 충실할 때 비로소 빛을 발

한다. 많은 사람은 지금 자신에게 주어진 기쁨과 행복을 깨닫지 못한 채 수많은 기회를 놓치며 살아가고 있다. 우리가 찾는 것들은 항상 주변에 있다. 순간순간마다 삶을 성공으로 이끌어줄 기회들이 함께 숨 쉬고 있다는 것을 잊지 말아야 할 것이다.

나는 어릴 적부터 가난하게 자랐고 지금 현재도 나의 미래도 확실하게 준비되어 있지 않다. 그래서 나는 늘 미래를 생각하면 막막함이 밀려온다. 나 자신이 살아온 삶을 돌아볼 때 아무것도 해놓은 것이 없고 인생이 너무 허무하다는 생각이 들었다. 무엇인가 바뀌어야 한다는 생각에 자기계발 동영상이며, 독서, 김미경 강사 특강 듣기 이런 일밖에는 할 수가 없었다.

사실 이런 일은 자기 만족일 뿐이지 실질적으로 나의 삶을 바꿀 수는 없다. 마음 한쪽에서는 무엇인가 나의 삶 자체를 바꾸어야 한다고 하는데 그러기 위해서 무엇을 어떻게 바꾸어야 할지를 몰랐고, 가슴만 답답할 뿐이었다.

그러다 아는 지인의 소개로 책 두 권을 추천받게 되었다. 그중에 한 권이 바로 김도사의 『김 대리는 어떻게 1개월 만에 작가가 되었을까?』이다. 책 제목이 신기했다. 어떻게 작가가 1개월 만에 되지? 작가가 1개월 만에 될 수 있는 일인가? 의문이 갔다. 그리고 이 책은 나에게 또 한 가지의 질문을 던졌다.

"죽을 때까지 직장 생활만 할래?"

분명 그 질문은 나에게 하는 질문이었다. 나는 소녀 가장으로서 어릴 적부터 가족들의 생계를 책임지고 일찍부터 직장 생활을 했다. 그로부터 나이 50이 넘도록 직장 생활을 하여 왔고 지금 현재도 직장 생활을 하고 있다. 나의 직장은 아주 다양하다.

처음에는 제조업체에 근무했고 홈패션 자영업과 텔레마케터, 수선가게, 뉴스킨 사업, 모 회사 코디, 냉동 식품회사, 학교 식생활 급식소, 또 잠깐 잠깐씩 영업 아르바이트를 한 것까지 치면 이렇게 다양하게 인생의 반평생을 직장 생활과 자영업을 해왔다. 그러나 현대판 노예 생활은 그만둘 수가 없었다. 왜? 미래가 준비되어 있지 않았기 때문이다.

나는 어릴 적부터 가난하게 살아왔기 때문에 나의 내면 깊은 곳에는 늘 성공하고 싶고 부자가 되고 싶은 마음이 있었다. 그리고 이 가난을 자녀들에게 대물림을 해주고 싶지 않았다. 그러나 이 가난의 대물림은 나의 의지와는 상관없이 자동으로 대물림이 되고 있다. 이 가난을 벗어나려고 정말 열심히 일했고 노력했다. 하지만 나의 삶은 좋아지지 않았다.

위의 질문대로 나는 나 자신에게 답을 한다. '아니! 난 죽을 때까지 직장 생활 안 할 거야!'라고 선포한다. 자, 그러면 나 자신에게 더는 직장 생활을 하지 않을 거라고 현대판 노예가 되지 않을 거라고 선포를 했다. 그러면 어떻게 할 것인가?

그리고 나는 분명 나의 한계를 뛰어넘어야 한다. 나의 한계를 무엇으로 뛰어넘을 것인가? 나는 앞에 언급했듯이『김 대리는 어떻게 1개월 만에 작가가 되었을까?』이 책을 통해 나는 나의 삶을 다시 생각했다.

이 책에는 책을 써야 하는 이유가 많이 나왔지만, 나의 가슴에 확 박히는 대목을 5가지만 요약해보았다.

1. 책 쓰기는 시대 생존의 조건이다.
2. 지금 바로 인생 2막을 준비하라.
3. 준비되지 않은 미래는 재앙이다.
4. 책을 쓸 수 있다는 자신감을 가져라.
5. 그 자신감이 당신의 운명을 바꾸게 된다.

이것은 나 같은 사람도 책을 쓸 수 있다는 것인가? 분명 나 같은 사람도 책을 쓸 수 있다는 말인 것이다.

나는 여기서 결심했다. 책을 쓸 수 있다는 자신감을 가지면 그 자신감이 나의 운명을 바꾼다고 한다. 그러면 나는 지금 바로 나의 인생 2막을 준비해야 한다. 준비되지 않은 미래로 재앙을 맞이할 수는 없는 것이다. 그래서 책 쓰는 것은 시대 생존의 조건이라고 했기에 생존하기 위해서 책을 써야 한다.

나는 지금 상상한다. 나의 미래를 그림으로 그려본다.
생생하게 그려 현실처럼 느낄 것이다.

나는 책을 썼다. 작가인 나의 미래.
열정적으로 강의에 임하고 있는 동기부여 강사의 모습.
1인 창업으로 월 3,000만 원씩 버는 CEO의 삶.

사람 살리는 메신저
각종 방송 매체에 출연하기 등등….

이런 나의 미래의 모습을 그리고 있다. 하루하루를 그렇게 살아갈 때 비로소 나의 인생에 변화된 모습이 찾아올 것이라고 믿는다. 나의 미래는 현실이 되고, 나의 그림은 사실이 될 것이다.

이 그림을 현실로 만들기 위한 모든 노력을 기울일 것이다. 이제 나는 더는 뒤로 물러나 있을 수가 없다. 나의 미래에 대해 누구보다도 간절하고 눈물이 날 정도로 진실하며, 가슴이 터질 것같이 간절하게 꿈을 꾸며 그리고 있다.

지금 이 책을 읽고 있는 당신은 어떤 미래의 모습을 그리고 있는가?

06

두려움 때문에 미리 포기하지 마라

자신의 일을 하며 날마다 버티고, 젖먹던 힘을 다해 좋은 속도를 만들고,
좋은 속도 위에 속도를 붙여가는 시스템을 만들면 멘탈은 빛나는 강철처럼 단단해진다.

– 보도 섀퍼, 『멘탈의 연금술』 –

사람들이 포기하고 싶어지는 지점까지 오게 되는 이유는 무엇일까? 고백하자면 나는 살아오면서 수차례 포기를 했고 삶 자체가 포기의 연속이었다. 지금 나는 생각을 해본다. '나는 왜 포기하고 싶은 마음이 드는 지점까지 나를 끌고 갔었을까?' 내가 포기의 유혹에 그토록 휩싸였던 이유는 그 당시 상황을 둘러싼 모든 조건과는 상관이 없었다.

나는 내 실패를 내가 처한 환경, 상황 탓으로 돌렸다. 성공하려면 환경과 상황의 흐름을 내 나름의 것으로 만들 수 있어야 하는데, 나는 그것들을 내 것으로 만들기는커녕 그것을 언제나 '내가 할 수 없는 이유'의 훌륭한 구실로 취급하고 있었다.

항상 우리는 큰 파도와 마주칠 것이다. 그리고 우리는 그 파도를 타고 즐길 줄을 알아야 한다. 그것이 바로 삶의 아름다움을 찾아가기 위한 인생의 여정인 것이다.

사실은 나는 지금 너무 힘들다. 나의 한계는 여기까지인 것 같은데, 한계를 뛰어넘으려니 너무나 힘들다. 자꾸만 하염없이 눈물이 난다. 아무리 울지 않으려고 해도 자꾸만 눈물이 흘러 멈출 수가 없다. 나는 전형적인 컴맹이라 모든 것이 다 느리다. 나는 지금까지 직장 생활을 하면서 컴퓨터를 사용할 일이 없었고, 컴퓨터를 사용하지 않아도 사는 데는 별지장이 없었다. 그런데 새로운 삶과 미래의 준비와 시대 변화를 따라가기 위해서는 내가 평소에 안 하던 것을 배워야 한다.

지금에 와서 생각해보니 컴퓨터라도 좀 배워놓을 걸, 워드라도 좀 연습을 해놓을 걸 하는 후회가 된다. 나 자신을 다시 한번 돌아보는 시간을 가진다. 나도 매사에 모든 것을 빨리빨리 하고 싶다. 하지만 그게 마음대로 되질 않는다.

유튜브를 배웠다. 〈한국석세스라이프스쿨〉의 대표이신 권동희 대표님이 강사였다. 열정적으로 아주 세세하게, 너무 디테일하다 싶을 정도로 잘 가르쳐주셔서 재미있었다. 그나마 디테일하게 잘 가르쳐주셔서 잘 따라 했지만, 집에 와서 해보니 아무것도 생각이 나질 않는다. 한 개를 배우면 열 개를 잊어버리니 어떻게 하면 좋지? 염려와 걱정이 앞선다.

같이 배운 수강생들은 젊은 청년들이라 이미 약간의 블로그, 유튜브를 시작하고 있는 분들이었다. 다들 멋진 모습들이었다.

저렇게 잘 따라 하고 금방금방 잘 습득을 하니 가르치는 강사님도 얼마나 힘이 나실까? 그러나 나는 그렇지 못하다. 나는 강사님께 너무 죄송스럽기도 하다. 하지만 그렇다고 이렇게 주저앉을 수는 없다. 나는 무엇을 시작하더라도 늘 한계에 부딪혀 주저앉아버렸기에 지금의 나의 모습이 되지 않았는가?

나는 이제 더는 물러설 수 있는 곳이 없다. 한 발만 더 뒤로 물러나면 벼랑 끝으로 떨어질 것이다. 나는 떨어지지 않기 위해 안간힘을 쓰고 있다.

나는 여기서 포기할 수 없다. 나에게는 목숨 걸고 나를 코칭해주시는 스승님이 계신다. 그분이 나의 생애에 최고의 인생 터닝 포인트를 마련할 수 있도록 도와주시고, 때로는 밀어주시고, 때로는 채찍질로 나를 당겨주신다. 그분의 은혜를 생각하면 나는 여기서 주저앉을 수 없다.

나는 반드시 성공하여 스승님을 기쁘게 해드리고 싶다. 나 같은 제자도 성공할 수 있다고 스승님께 보여드리며, 이 모든 것이 스승님 덕분이라고 인사를 드리고 싶다. 그래, 내가 할 수 있는 만큼만 하자. 좀 느려도 한 발 한 발씩 걷자. 아직도 걷지 못하는 아이가 뛰려고 하니 얼마나 힘이 들며, 두려울까? 욕심을 내려놓자!!! 욕심을 내려놓자!!!

지금은 성공하기 위해 대가를 치르고 있는 시간이다.
그래, 넘어지지 않으면 일어나는 법을 모른다고 했다.
나는 지금 넘어지면서 일어나는 법을 배우고 있는 중이다.

우리 아기들이 태어나 자라며 걸음마를 배울 때 그 첫발을 내딛기 위해 얼마나 많은 시도를 거듭하며 넘어지는가? 수백 번을 넘게 발 떼는 연습을 하며 넘어지고 다시 일어난다. 그리고 또다시 발을 앞으로 내딛기를 수없이…. 그 수많은 넘어짐을 대가로 지급했을 때 마침내 걸음마를 시작하고 얼마가 지나지 않아 달리기까지 하는 것이다.

그래, 지금 나 또한 작가가 되기 위한 걸음마를 배우고 있는 아기이다. 수없이 마음으로 넘어지고 나의 한계에 부딪혀 포기하고 싶지만 여기서 더 나은 상황은 나에게 주어지지 않는다. 그러니 더는 미룰 수는 없다. 바로 지금의 상황이 나에게는 최선의 상황임을 명확히 인식하고 포기의 유혹에서 벗어나야 한다.

지금 나는 일어서는 법을 배우고 있다. 내가 할 수 있을까? 해낼 수 있을까? 이런 두려움 때문에 미리 힘 빼지 말자. 나에게는 든든한 지원군이 있다. 먼저 나의 하나님 아버지가 나를 밀어주고 계시고, 지금의 나를 있게 해준 〈한책협〉 대표 김도사님이 계시다.

내가 김도사님을 못 만났다면 지금, 이 시간에 작가가 되어 글을 쓰고 있는 것이 아니라, 드라마를 보고 있거나, 유튜브 동영상을 보든지 아님, 쓸데없이 시간을 보내고 있을 것이다. 생산자가 아닌 소비자로 살고 있을 것이다. 이런 나에게 작가의 꿈을 찾게 해주셨다.

지금, 이 순간에도 김도사님은 수많은 제자가 잘되기를 바라시며 목숨 걸고 코칭 하시며 나를 밀어주고 계시지 않은가. 먼저 나 자신이 참된 성장을 위해 배울 자세를 갖추고, 스승님이 이끄는 대로 하나하나 배워나갈 것이다.

이제 나는 소비자의 삶이 아닌 생산자의 삶으로 미래를 준비하는 아주 당찬 사람으로 거듭날 것이다. 나는 다시 힘을 내어 더는 두려움 때문에 미리 포기하는 어리석은 삶을 살지 않을 것이다.

07

미래에 대한 막연한 불안감의 해답을 독서에서 찾다

세상은 당신이 생각하는 것보다 훨씬 광범위하며
그 세계는 책에 의해 움직이고 있다.

– 볼테르 –

나는 어릴 적부터 단순직으로 직장 생활만 했기에 그냥 직장과 집만 오가며 아무 생각 없이 살아왔고 책만 펴면 수면제로 작용을 해 독서는 아예 생각 자체를 하지 않고 살아왔다. 30, 40의 나이를 지나 살아오는 동안에도 그냥 흘러가는 대로 살았다.

어느 순간에 갑자기 '내가 왜 이렇게 살지?' 하는 생각이 들기 시작했다. 시대는 자꾸 빠른 속도로 변화해가고 있고 나는 시대에 뒤떨어져 자꾸 후퇴하고 있다는 느낌이 들었다.

현재 세상은 코로나19로 모든 것이 바뀌었다. 과거의 내가 살아온 세상과는 완전 다른 세상이다. 과거에는 조금만 노력하면 먹고사는 데는 지장이 없었다. 그러나 지금은 디지털 시대이며 언택트 시대라고 말을 한다.

한 매체의 광고에서는 '메타버스를 타시겠습니까?' 하며 사람들에게 마이크를 들이밀고 질문을 한다. 지금 기성세대들은 물론 (발 빠르게 시대에 맞추어 준비해온 기성세대들은 알고 있을 것이지만) 사람들 대부분은 메타버스가 우리가 타고 다니는 버스로 생각을 한다. 그래서 자신이 모르는 버스이기 때문에 타지 않는다고 대답을 하는 것을 보았다.

메타버스란? 인터넷상에 설명을 보면 웹상에서 아바타를 이용하여 사회, 경제, 문화적 활동을 하는 가상세계와 현실 세계의 경계를 허무는 것을 말하고 있지만, 그 말뜻 자체를 이해하지 못하고 있는 사람이 많다. 나 역시도 마찬가지로 메타버스가 정확하게 무슨 뜻인지를 이해하지 못했다. 코로나로 인해 세상이 돌아가는 모든 시스템이 바뀌고 있다.

모든 것이 오프라인에서 온라인으로 바뀌고 있고, 교육도 마찬가지다. 아침에 등교해서 저녁때까지 친구들과 한 교실에서 공부하고 부대끼며 장난치는 모습은 점점 보기 힘들지도 모른다.

줌(zoom)으로 선생님과 만나고 친구들도 줌(zoom)으로 만나는 이런 시대에 디지털을 모르는 사람들은 커피 한 잔도 사 먹을 수 없는 상황까지도 직면할 수 있다.

배달 주문 또한 모든 것이 앱으로 통하는 시대로 바뀌어가고 있다. 이 디지털을 잘 사용해보지 못한 지금의 50대 중반에서 60대가 넘어서는 어른들은 생소한 것들이 너무나 많아 그들이 알고 있는 세상은 이제 더는 볼 수 없을지도 모른다.

지난달에 지인의 결혼식에 갔다가 기차역에서 50대 후반 정도로 보이는 사람을 보았다. 역에서 햄버거를 주문하시려고 주문대에 가셨다.

직원이 현금 결제는 계산대에서 바로 주문하는 것이 가능하지만 현금이 없고 카드로 결제하실 거면 다른 쪽으로 가셔서 주문해야 한다고 알려주었다. 그분이 다시 우리 쪽으로 오셔서 차례를 기다렸다. 이제 그분 차례가 되었지만, 무인 결제 시스템으로 햄버거 주문을 할 줄 모르시는 것 같았다.

한참을 어떻게 해야 하는지 안절부절 어쩔 줄 몰라 하고 계셨고 뒤에서는 줄이 계속 밀리고 있었다. 부랴부랴 뒤에 사람이 기다리다 못해 도와줌으로써 무사히 결제하고 그분은 식사할 수 있었다.

이렇듯 어른들이나 디지털 기기를 잘 사용해보지 못한 사람들은 무얼 하나 하려 해도 힘이 든다.

나의 어머니도 마찬가지다. 하루는 어머니를 뵈러 주말에 찾아갔었다. 드시고 싶은 것 없으시냐고 여쭈었더니 통닭이 너무 드시고 싶다고 하셨다. 전부터 드시고 싶었는데 전화번호가 없어 주문하지 못했다고 하신다.

그래서 내가 웹으로 조회를 해 주문을 해드렸다. 다 드시고 말씀하시는 게 이제 먹고 싶은 것 있으면 너희들 오면 시켜 먹어야겠다고 말씀하셨다. 이렇듯 어른들은 스마트폰임에도 불구하고 전화를 걸고 받고 톡을 주고받는 것으로밖에 사용하지 못하신다.

이렇게 무엇이든 배우지 않고 준비하지 않으면 늘 세상에서도 뒤처지고 만다. 나 자신도 마찬가지로 미래를 준비하지 않고 늘 하루 세끼 밥만 먹고 직장 다니고 잠자고 하는 발전이 없는 인생을 살아오면서 나의 미래를 위해 무엇을 해야 할까 하고 늘 고민하던 사람이었다.

나의 삶은 꿈과 미래라는 단어와는 거리가 멀었다. 눈앞에 닥친 현실만을 바라보며 남들이 하니까 하는 식으로 살아왔고, 나만의 주관적인 생각으로 행동하는 것이 아니라 남들의 생각을 따르기를 좋아했다.

주변 사람들의 눈치를 보며 행동하곤 했다. 항상 모든 사람에게 잘 보이려고 한 것은 아닌데 나의 행동이 남들에게 잘 보이려고 한 행동이나 다를 바 없었다. 나는 직장 생활을 하며 나의 직속 상사들을 보면서 그들의 모습이 나의 미래의 모습임을 깨달았다. 순간 나는 두려워졌다. 그들의 모습은 결코 내가 바라는 미래의 모습은 아니었다.

정말 그런 모습이 되지 않기 위해서는 지금 직장을 다니면서 미래를 준비하지 않으면 안되었다. 이대로라면 내가 생각하고 꿈꾸는 미래는 오지 않을 것이라는 생각이 들었다. 어제와 똑같은 생활을 하면서 동료들과 잘 섞여 있는 것으로 평온하고 안정된다고 생각하며 살아왔다. 진심으로 나의 내면의 소리를 듣지 않고 다른 이의 말에 끌려다녔다.

하지만 앞으로 다가올 미래는 끊임없이 변화하고 있기에 누구에게나 호락호락하지는 않을 것이다. 창의적이고 지식과 능력을 키우고 활용할 수 있어야 다가올 미래를 준비할 수 있다.

하지만, 그렇지 않다고 하더라도 미래에 대한 불안감이 있다면 무엇이든 시작을 해봐야 한다. 마음으로 불안감을 느낀다면 하나님이 미리 준비하라는 신호를 주시는 것이다.

그런 신호를 아예 느끼지도 못한 채 살아가든지 잠깐은 느꼈지만, 그 느낌을 묻어버리고 그냥 살아가는 인생들이 많다. 나는 늘 미래가 불안하거나 마음이 편안하지 않으면 책을 읽는다.

책을 읽으면 저자의 생각과 마음, 경험을 손쉽게 얻을 수 있다. 무엇인가 풀리지 않는 문제가 있을 때 책을 읽으면 그 책 속에서 지혜와 답을 찾을 때가 많다.

지금 당신의 모습은 당신이 과거에 생각했던 스스로의 모습이다. 미래를 준비하기 위해 독서로 많은 생각의 재료들을 모아야 한다. 이러한 방법으로 생각의 아이디어를 찾아내는 연습을 꾸준히 해나가야 할 것이다. 그렇게 하다 보면 어느새 자신도 모르게 미래를 준비하는 아이디어가 풍부해질 수 있다.

"지식은 운명을 바꾸고 책은 미래를 완성한다."라는 말이 있다.

혼자서 하는 생각만으로 절대로 창의력을 기를 수 없을 것이다. 그래서 독서를 통해 다른 사람의 생각과 창의력을 수용하며 더불어 자신만의 창의력과 사고력을 끌어내야 할 것이다.

독서는 다른 사람의 간접 경험을 통해 새로운 생각과 지식을 얻게 해준다. 이제 변화된 시대에 맞춰 독서력을 길러서 하나하나 자기의 것으로 만들고, 자신의 미래를 불안과 막연함 속에 그대로 내버려두지 말고 독서에서 답을 찾기 바란다.

하루 10분 책읽기가 삶의 강력한 무기가 된다

2장

운명처럼 만난 책, 삶이 바뀐다

01

독서는 변화하고 성장하게 만든다

한 사람의 충실성과 가치는 독서를 하느냐 안 하느냐에 달려 있다.
또 그 이상으로 무엇을 읽는가가 중요하다.

– 매튜 아놀드 –

예전에는 책을 읽지 않았다. 책을 안 읽어도 사는 데 크게 지장은 없었다. 그렇지만 다른 사람들과 대화를 나누어보면 정말 나는 아는 게 없다는 것을 깨닫곤 했다.

나쁘게 말하면 정말 무식했다. 아는 게 없으니 대화가 자연스러운 흐름을 타지 못하고 그저 입만 다물고 있을 뿐이고, 나 자신이 참 이렇게 무식하구나 하며 부끄러워 쥐구멍에라도 들어가고 싶었다. 다른 사람들은 대화 내용에 대해 열띤 토론을 하며 서로 자기주장이 옳다고 내세우기도 하고 서로 의견 충돌이 일어났다가, 의견이 같아지면 기분 좋게 웃었다가, 깊은 대화를 하며 즐겁게 시간을 보낸다.

어느 순간부터 나는 대화의 장에서는 말을 잘 하지 않는 것이 습관이 되었고 질문할 때만 겨우겨우 대답하며 주로 경청하는 사람이 되어갔다. 그러니 어디를 가든 나의 말발은 서지 않고 주로 강한 의견을 내세우는 사람들을 따라 행동하는 사람이 되어가고 있었다. 존재감도 없어지고 매사에 자신감도 없었으며, 앞에 나서서 리더를 하거나 나의 주장을 내세운다는 것은 생각도 하지 못하게 되었다.

학교에 다닐 때도 반장을 선출할 때와 전교 회장을 선출할 때도 그 친구들이 엄청 부러웠다. 저 친구들은 어떻게 저렇게 말도 잘하고 앞에 나가서도 떨지 않고 자기 할 말 다 하며 아이들을 이끌어가는지 참 궁금했고 그 친구들이 내게는 멋져 보였다. 나는 두세 명만 모여도 무슨 말을 하라고 하면 머리가 하얗게 변하면서 무슨 말을 해야 할지 몰랐다. 무엇보다 입이 바짝바짝 마르면서 떨리기 시작을 하였고, 온몸에 오한이 든 것처럼 윗니와 아랫니가 부딪치며 소리가 요란해지고 다음으로는 다리가 후들후들 떨리면서 상체까지 흔들릴 정도로 떨었다.

그 정도로 숫기가 없고 낯가림이 심하며 어떤 일이든 앞서서 하는 것을 하지 못했지만, 리드하는 아이에게 도움을 주는 역할은 참 잘했다. 그리고 아이들이 나에게 도와달라고 할 때 말없이 도와주었다. 그러나 다른 아이들은 뭐 좀 도와달라고 요청하면 불평불만이 많았다. 다른 아이들은 자기의 생각을 표현할 줄을 알고 싫으면 싫다, 좋으면 좋다고 말로 표현했던 것이다.

그렇지만 나는 표현을 잘하지 못했고 그냥 묵묵히 하라는 것만 하고 거의 존재감이 없었다. 부끄러움이 얼마나 많은지 어머니와 누구를 만나러 가면 엄마 치맛자락만 붙잡고 뒤에 숨어버렸다. 나는 어디를 가든 말 없는 아이로 통했다. 아이들이랑 놀 때는 또 목소리를 크게 내고 리드할 때도 있었지만 그때뿐이었다.

참 신기한 일이 아닌가? 이 성격이 어른이 되었어도 바뀌지 않았다. 그나마 직장 생활을 하며 많이 깨지기도 하고 어려운 문제들도 겪으며 나아졌다고 하지만 그래도 내성적인 것은 감출 수가 없었다.

이렇게 살아오면서 나의 내면에는 온통 부정적인 생각과 가난한 사고가 각인되어 체질이 되어가고 있었다. 나는 나 자신이 이렇게까지 부정적이고 가난한 사고를 하고 있는지조차도 모르고 살았었다. 그러나 나는 앞에서도 언급했듯이 한 아이를 통해 책을 다시 읽기 시작했다. 우연히 한 권의 책을 발견하게 되었다.

이구치 아키라의 『부자의 사고 빈자의 사고』 중에서 일부분만 독자와 함께 나누어보고자 한다.

가난한 사원의 사고

"지금 하는 일이 그렇게까지 재밌지는 않지만 일단 이를 악물고 계속 하다 보면 일도 익숙해질 테고 언젠가는 출세할 수 있을 거야."

경력이 쌓이면 출세해서 월급이 오를 것이라고, 일이 저절로 익숙해질 것으로 생각하는 것은 매우 수동적 사고이다.

부자가 될 사원의 사고

"내가 왜 이 부서에 배치되었을까? 내 장점은 무엇일까? 회사의 이익을 극대화하기 위해 내가 할 수 있는 일이 무엇이 있을까?"

이렇게 본인에게 주어진 업무 중에서 먼저 회사에 이익을 가져다주기 위해 본인이 준비해야 할 능력은 무엇이 있을까 하며 능동적으로 생각하고 행동에 임하는 모습이다.

이렇게 가난한 사고는 늘 수동적으로 움직이지만, 부자의 사고는 상대의 이익을 위해 시키지 않아도 스스로 생각하고 능동적으로 움직이는 사람이다.

나는 이 부분을 읽으며 빈자의 사고가 꼭 나 자신을 보는 것 같았다. '이야! 어떻게 이렇게 딱 맞지?' 하며 직장 생활을 할 때의 나의 모습을 떠올렸다.

조금만 일이 많아도 짜증이 나고 어떻게 하면 일을 조금만 해볼까 하는 생각이 가득했다. 회사의 이익은커녕 나의 편안함을 우선시하고 좀 쉬엄쉬엄하며 천천히 일하고 싶은 마음이 더욱 앞서갔다. 그리고 나는 늘 공짜를 좋아했다. 무엇이든 돈이 들어가면 하려 하다가도 하지 않게 되고 꼭 해야만 하는 것임에도 돈이 들어간다는 이유로 포기하곤 했다.

이것은 결코 알뜰하거나 야무진 것이 아니고 아주 미련하기 짝이 없는 행동들이다. 사람이 무엇인가 배우려 하고 자기계발을 하려면 그에 맞는 투자를 해야 한다. 그런데 정작 나 자신은 배우려고 하고, 자기계발은 하고 싶으면서 그에 맞는 투자는 하려 하지 않고 어떻게 하든 무료 강좌나 수강하려고 했다. 그에 대한 금액을 치르고 들으려 하지 않은 것이다.

이 책을 읽어 보면 사람이 사업을 하든, 직장 생활을 하든 무엇이든 성장하고 싶고 연봉을 더 받고 싶으면 그에 맞는 자기계발을 해야 하고 적정의 투자를 해야 한다고 한다. 부자가 될 사람은 쓰고 남는 돈으로 자기 자기계발에 투자하지 않으며, 먼저 자기계발에 투자하고 남은 돈으로 생활을 하려고 한다는 점에서 가난한 사람과 차이가 있었다.

여기에서 추천하는 자기 투자의 기준은 희망 연봉의 10%라고 말을 한다. 연봉 1억을 받고 싶으면 연간 1,000만 원, 10억을 받고 싶으면 연 1억을 자기계발에 투자해야 한다고 했다.

이렇듯 무엇인가 내가 원하는 것이 있다면 그에 걸맞은 노력을 하고 능력을 갖추어야 그 자리에 갈 수 있는 사람이 된다는 것이다. 그렇다면 나는 어떤 사람이었나? 늘 공짜만 바랐다. 하지만 지금은 돈을 안 쓴다고 알뜰하고 살림을 잘하는 것이 아니라는 것을 알게 되었다. 나는 빈자의 사고를 하며 살았기 때문에 가난할 수밖에 없었다는 것을 알게 되었다.

이렇게 독서를 통해 나의 잘못된 생각과 고정 관념을 깨뜨리고 내가 생각지도 못한 나의 잘못된 생각을 새로운 관점에서 보게 되었고 그 이후로 무엇인가 변화하고 성장하고 싶은 만큼 나 자신에게 투자해야 한다는 생각을 하게 되었다.

독서로 내가 알지 못한 사실을 알게 되고 잘못된 생각을 바로 고치고 실천할 때 나 또한 변화하고 성장하는 모습을 발견하게 될 것이다.

지금 여기서 이 책을 읽고 있는 독자는 어느 쪽에 서 있는가? 빈자의 사고인가, 부자의 사고인가? 만약 독자도 부자의 사고를 하고 있다면 더할 나위 없이 좋지만, 나처럼 빈자의 사고를 하고 있었다면 이제는 부자의 사고를 하고, 자신을 독서로 변화하게 해서 성장해가기를 바란다.

02

책을 만나고 기적 같은 변화가 생겼다

우리가 변하기 전엔
아무것도 변하지 않는다.

– 앤드류 매튜스 –

나를 바꾸는 것은 독서에서 시작해야 한다. 독서는 사람을 행동하게 만드는 근원이다.

지금 자신의 모습이 아닌 다른 모습이 되기를 갈망하라.

책을 많이 읽는 사람을 보면 책이 뭐가 재밌다고 저렇게 읽는지 모르겠다고 생각했다. 하지만 책에 일단 한번 빠지기 시작을 하면 책이 너무도 좋은 친구가 된다. 책을 읽을 때는 시간 가는 줄을 모르고 읽게 되고 때로는 너무 감동하게 되어 가슴이 떨리기도 한다.

독자는 인생에서 가슴 떨리게 하는 책을 만나본 적이 있는가?

나는 내 인생에서 가슴 떨리고 나를 행동으로 바로 실천하도록 움직이게 만든 책을 만났다.

나는 인스타그램으로 팔로우 되어 있던 작가님으로부터 책 두 권을 추천받았다. 그중의 한 권이 『김 대리는 어떻게 1개월 만에 작가가 되었을까?』 하는 책이다. 나는 이 책을 읽는 내내 가슴이 뛰고 흥분을 감출 수 없었다.

특히 제목이 내 가슴에 와닿았다. 1개월 만에 작가가 될 수 있다고? 어떻게 작가가 1개월 만에 되지? 의구심도 생기고 궁금하기도 하고 해서 바로 책을 구매하게 되었고 택배가 도착하자마자 바로 나는 완독을 했다. 이 책은 자기 이름으로 된 책을 쓰라는 내용이었다. 그리고 성공해서 책을 쓰게 되는 것이 아니라, 책을 써야 성공한다고 했다. 평범할수록 책을 써야 한다는 말을 하고 있고, 책을 쓰고 출판사와 계약하는 것까지 상세하게 알려주고 있다.

그러면 나에게도 기회가 있다는 말이다. 나 같은 사람도 책을 쓸 수 있다는 말이 된다. 나는 가슴이 떨렸다. 갑자기 심장이 요동치기 시작했다.

예전에 남편을 만나 처음 연애를 할 때도 이런 느낌은 받지 못했다. 마구 심장이 떨리고 심장이 떨림으로 인해 내 온몸이 떨리고 건물 전체가 흔들리는 착각에 빠질 만큼 나의 심장이 요동치고 있었다. 내 심장이 왜 이러지? 이 느낌은 뭐지? 이런 느낌은 처음 느껴본다는 생각이 들었다.

내 인생의 터닝 포인트가 된 것이 책 한 권이었다. 한 사람을 만난다는 것이 얼마나 중요한지를 알았다. 이분은 학창 시절 너무나 가난하고 어렵게 살아왔고 작가의 꿈을 품고 밤에는 글을 쓰고 낮에는 막노동하러 다녔다고 한다. 하루는 새벽에 막노동하기 위해 지하철을 타고 인력 사무실까지 가야 하는데 지하철 차비 2,000원이 없어, 빌려야 했다고 한다.

그런 시절을 겪어왔기에 가난하고 소외된 사람들의 심정을 너무나 잘 알고 계시고, 어려운 사람을 보면 안타까워 도와주고 싶어 하는 그런 여린 마음을 지금 150억의 부자가 되었음에도 지니고 계신다. 나는 나의 생애 이런 분을 만나게 하신 하나님께 너무 감사드린다.

이 책의 저자는 〈한책협〉 김도사, 권마담이다. 김도사는 〈한책협〉 대표이자, 25년간 250권의 책을 쓰고, 1,100여 명의 작가를 양성해내었으며 또한 책 쓰기의 특허까지 받아놓은 상태이다. 이제는 글로벌 시대에 걸맞게 미국까지 진출하고자 하는 준비 단계에 있다. 작가들이 1인 창업을 할 수 있을 정도로 가르침을 주었고, 배출된 작가들 다수가 자기들의 강점을 살려 1인 창업으로 새로운 인생을 살아가고 있으며, 그 작가들이 고마운 마음에 황금 열쇠를 감사패로 만들어 김도사께 감사의 마음을 표현하고 있다.

대부분 김도사를 만나러 올 때는 다들 인생 막바지까지 갔다고 해도 과언이 아닐 만큼 아무것도 할 수 없는 상황에 놓인 사람이 많다. 그중 한 사람이 나다. 그런 사람들을 자기의 인생, 살아온 삶에 맞게 책을 쓸 수 있도록 만들어주시고, 또 배려까지 해주신다. 또 본인이 쓴 책을 발판 삼아 1인 창업의 기회까지 마련하게 되고 직장 생활로 월 200에서 많게는 500 정도 월급을 받던 사람들이 월 천, 많게는 월 1억까지도 벌 수 있게 수입 창출을 일으키고 있다.

삶을 살아가다 어떤 계기로 인해 빚에 허덕이는 인생을 살던 많은 사람이 김도사를 만나 작가가 되고, 또한 1인 창업을 통해 새로운 인생 역전의 기회를 잡는 시간이 그리 길지가 않다. 책 쓰기부터 시작해서 모든 기간이 배우는 사람에 따라 약간의 차이는 있지만, 1인 창업까지 빠르면 3개월에서부터 늦어도 6개월 안에는 모든 준비가 끝나고, 준비 과정에서 벌써 결과가 나타나는 사람도 있다.

이토록 풍요로워지는 삶으로 바뀌니 어찌 고마워하지 않을 수 있겠는가? 이런 작가님들의 황금 열쇠, 감사패가 사무실에 한두 개 아닌 백여 개가 넘게 가지런히 아주 멋지게 진열이 되어 있다. 김도사께 배운 작가들은 황금 열쇠보다도 더 귀중한 것도 해드리고 싶은 심정일 것이다.

지금의 이 글을 쓰고 있는 나 또한 김도사를 만나고 새로운 삶을 살고 있다. 아주 빠른 성장을 하고 있고, 또한 빠르게 결과를 만들어내고 있다. 내가 만약 김도사님을 만나지 못했다면 작가로서 글을 쓰고 있는 것이 아니라 여느 때와 다를 바 없이 드라마나 섭렵하든지 카페에 가 황금 같은 시간을 죽이며 아주 평범한 아줌마로, 현대판 노예로, 빚에 쪼들리며 살고 있을 것이다.

그러나 김도사님을 만나 나는 이제 평범한 삶에서 벗어나 작가의 삶을 살아가고 있다. 책 한 권을 통해 김도사님을 만나고, 책을 쓸 기회를 잡을 수 있었고, 내가 책을 쓸 수 있다는 자신을 갖게 되었다. 그 자신감이 나의 운명을 바꿔놓았다.

그 책을 처음 만났을 때 나는 병원에 입원한 상태였다. 빚도 많고 모든 게 마음이 무거운 상태에 다쳐 입원까지 하게 되었고 항상 나는 나의 삶에 변화를 모색해야 한다고 생각하며 고민하고 하나님께 질문하고 있었다. 걷잡을 수 없이 변화하고 있는 이 시대에 무얼 어떻게 해야 나 자신이 바뀌게 될지 몰랐다. 이런 나에게 작가가 되는 꿈을 갖게 해주셨고, 평범한 삶을 뒤로하고 이제 작가의 삶을 살아가게 해주셨다.

나는 학교 급식실에서 직장 생활을 할 때, 한 달 내내 뜨거운 불 앞에서 열심히 조리 보조를 했다. 학교에 기숙사가 있는 관계로 하루 세끼를 해야 했기 때문에 두 조로 나뉘어 근무하고 있었다. 특히 날이 더운 여름에는 더욱 힘이 든다. 땀이 등줄기를 타고 줄줄 흘러내리고 이마에는 손수건을 하나 받쳐서 모자를 써야 한다. 그렇지 않으면 땀으로 온 얼굴이 범벅이 되어 요리하는 데 위생상 좋지 않기 때문이다.

조리가 끝나면 다음 조와 교대를 하기 위해 마무리 설거지, 청소가 남아 있다. 나보다 두 배, 세 배나 큰 솥을 씻기가 쉽지 않았다. 그래도 빨리 마무리 작업을 해주어야 그다음 조가 작업을 하는 데 차질이 없고, 또 그다음 조가 해야 할 작업을 바로 시작할 수 있다.

이렇게 정신없이 시간에 쫓기며 일을 하고 나면 입에서 단내가 난다. 이런 삶을 살던 내가 은인을 만난 건 정말 나에게 있어서는 큰 하나님의 은혜라 아니 할 수 없다.

나는 작가의 꿈을 이루고 이것을 발판으로 삼아 1인 창업으로 월 1억 수입을 창출하겠다는 꿈을 품고, 버킷리스트를 적었다.

나는 이 꿈을 향해 힘차게 달려나갈 것이며, 나를 위해 목숨 걸고 코칭을 해주시며, 지도해주시는 김도사님께 은혜를 보답하기 위해서도 더욱 열심히 글을 쓰고 있다. 이렇게 책 한 권과 축복받은 만남으로 나의 삶에 기적과 같은 변화가 생겨났다.

지금 이 책을 읽고 있는 독자도 만약 책을 쓰고 싶은 마음이 불이 일듯 일어난다면 〈한책협〉으로 연락을 하면 된다. 그것도 잘 모르겠다면 나에게 연락 바란다. 만약 바로 통화가 안 되면 문자라도 남겨놓으면 내가 바로 연락을 드리겠다. 내가 알고 있는 세계 최고 책 쓰기의 제1인자이신 나의 스승을 소개해드릴 것이다. 책 쓰기를 김도사님께 배우지 않으면 어떤 사람에게 배울 것인가? 지금 이 책을 읽고 있는 독자의 평범한 삶에도 독자에서 저자로의 삶을 살아가는 기적과 같은 변화가 일어나기를 소원해본다.

03

책은 어려운 순간에 힘을 발휘한다

억만금의 재산이
독서만 못하다.

-『안씨가훈』「면학」-

"나는 완벽한 사람이다!"

"나는 매일 조금씩 모든 면에서 성공하고 있다!"

"내가 소망하는 것들이 하나씩 실현되고 있다!"

- 김태광, 『독설』

사람은 누구든 살아오면서 늘 인생에서 선택의 기로에 서게 될 때가 있다. 다른 사람들은 행복하게만 보이고 잘 살아가는 것 같은데 나만 힘든 것 같고, 나만 불행한 것 같은 그런 힘든 시절도 있었다. 직장 생활은 해도 해도 끝이 없고, 돈은 벌어도 벌어도 계속 가난하게 살아가야만 했다. 그러니 세상이 온통 나만 공격하는 것 같고 모든 나쁜 일은 나를 향해 돌진해오는 것 같은 느낌이었다. 하루는 너무 힘이 들고 우울해 그냥 딱 죽고 싶은 마음이 드는 날이었다. 그런 마음을 안고, 답답한 마음에 동네 놀이터로 나갔었다.

가을 하늘은 높고 푸르렀다. 그 아름다운 모습에 너무나 매료되는 날씨였다. 태양은 온통 이 세상을 다 태워버릴 기세로 햇살을 비추고 있었다.

그렇지만 그 좋은 날씨에도 나는 행복하지 않았다. 나의 옆 벤치에는 연인인지 신혼부부인지 잘 모르겠지만 한 쌍의 커플이 다정한 모습으로 앉아 있었다. 그 그림이 얼마나 아름다워 보이는지…. 귀에다 대고 소곤소곤 얘기를 나누고 있었다. 서로 머리를 쓰담쓰담 해주며 두 손을 꼭 잡고 대화를 하고 있었다.

옆 벤치에 앉아 있는 커플은 이 세상 행복은 모두 다 가진 것 같았다. 참 나도 저런 시절이 있었나 싶을 정도로 나는 몸과 마음이 온통 지치고 병들어 있었다. 아무리 맛난 걸 먹어도 맛을 느끼지 못했다. 아름다운 꽃들을 보아도 아름다움을 느끼지 못했다. 나는 단 한 번도 제대로 쉬어보지 못한 채 계속 일만 하고 살다 보니 어느 순간에 문득 내가 일만 하는 기계처럼 느껴졌다.

이렇게 몸과 마음이 지치고 지치니 어찌 제대로 된 삶을 살 수 있을까? 모든 게 다 싫었고 살고 싶지도 않았다. 앉으면 그냥 눈물이 났다. 아무런 이유도 없는데 눈물이 주르륵주르륵 흘러내렸다. 내가 왜 이럴까? 내가 왜 이럴까? 하면서 또 울고 울었다. 갑자기 무서운 생각이 들었다. 아! 내가 이래서는 안 되는데. 사람 많은 데는 죽어도 가기가 싫었지만 살기 위해서 나는 나의 감정과 반대로 행동해야만 했다.

대구 시내에 나가 보았다. 낮임에도 불구하고 사람이 얼마나 많은지 지나가는 사람마다 부딪쳤다. 정신이 번쩍 났다. 나는 거의 넋이 나간 상태에서 걷고 있었던 것 같았다. 사람이 조금 덜 붐비는 서점으로 향했다. 많이 조용했다.

이곳에서 무얼 할까? 그 짧은 순간에 그곳이 서점인지도 인식을 하지 못한 것이다. 내가 이러면 안 된다! 안 된다! 하며 나에게 최면을 걸기 시작했다. 정신 차려!! 정신 차려!! 한참을 하다 보니 수많은 책이 눈에 들어왔다. 아! 책을 한번 읽어보자고 생각했다. 나는 그때 책을 한 권 선택했다. 지금에 와서 생각해보니 세월이 너무 흘러 책 제목은 기억이 나질 않고 내용만 어렴풋이 떠오르는 것 같다.

그러나 그때 기억을 더듬어보면 감정은 어렴풋이 느껴지는 것 같다. 처음 책을 읽는 것이라 책을 읽어내려가는 속도는 엄청나게 느렸다. 소설책인 걸로 기억을 한다. 그 책 속의 주인공도 어릴 적부터 가난과 부모의 학대로 힘든 시절을 겪었다. 나이가 어리니 서울로 도망치듯 올라왔지만 갈 곳이 없었다. 직장도 숙식 제공할 수 있는 곳이 필요했다. 운이 좋게도 입주 가사 도우미로 취직할 수 있었다. 옛날 말로는 가정부, 식모라고도 한다.

부잣집에서 가사 도우미를 하며 열심히 일했다. 아이가 너무 열심히 일하니 주인이 하루는 물었다. '너는 꿈이 무엇이냐?'라고 물었을 때 한치도 머뭇거림 없이 배우고 싶다고 말을 했다. 그러니 주인이 그럼 공부는 내가 시켜줄 테니 낮에는 일하고 밤에는 공부하겠느냐고 물었다. 아이는 정말 열심히 일하며 행복한 마음으로 공부를 시작했다. 이렇게 공부를 시작한 후 대학까지 진학하고 유학까지 다녀왔다. 이렇게 한 사람의 희로애락이 담긴 인생의 성공 이야기였다.

그 책을 읽으며 울다가 웃다가 나는 그 책 속의 주인공이 되었다. 그가 겪은 힘든 일은 다 기록하지 못하지만 나는 그의 삶에 공감했고 그의 희로애락을 책을 통해 다 겪은 느낌이었다. 그래서 이런 사람도 있는데 다시 한번 힘을 내자며 마음을 다잡았으며, 책을 통해 울고 웃고 해서인지 나의 마음 한구석이 좀 시원한 느낌이 들었다. 이후로 마음이 안정되면서 힘을 얻고 다시 일어설 수 있었다.

사람마다 스트레스를 해소하는 방법들은 다양하다. 음악으로 풀어가는 사람, 운동으로 풀어가는 사람, 혹은 차를 마시며 풀어가는 사람. 여러 방법으로 각자의 방식대로 풀어가고 있다. 나의 스트레스 해소 방법은 무엇일까? 나 자신을 살펴보니 독서로 스트레스를 푸는 것을 알게 되었다.

내가 알고 있는 한 지인의 딸은 무슨 문제가 있거나 풀리지 않는 문제가 발생할 때 미친 듯이 책을 읽는다고 한다. 그럴 때는 그 누구도 못 말릴 정도로 엄청나게 많은 책을 구매해서 읽고 또 읽고 자기가 느끼기에 힘을 얻거나 답을 찾을 때까지 읽는다고 한다. 나는 그 정도는 아니지만 '아, 나와 비슷한 사람도 있구나.' 싶었다.

대부분 스트레스를 받으면 짜증을 내든지 폭식을 한다든지 화를 낸다든지 술을 마신다든지 자기를 망가뜨리는 방법으로 푼다. 그런데 이 지인의 딸이 아주 현명한 방법으로 스트레스를 푸는 것을 보니 참 우리 후대들의 미래가 밝다는 생각이 든다. 공부를 안 하던 학생도 책을 통해 공부해야 할 이유를 찾아 공부하게 되는 학생이 있다.

예전에 직장 동료였던 분이 있다. 그분의 습관은 항상 퇴근 후에 누구와 같이 가든 함께 어딘가에 반드시 들린다는 것이다. 바로 술집이다. 그는 단 하루도 술을 마시지 않으면 입에 가시가 돋치는 사람이다. 항상 옆을 지나가면 술 냄새가 풍길 정도로 술의 애호가에서 애호를 뛰어넘은 수준이었다. 그런 세월을 20여 년을 보내고 나니 건강에 적신호가 왔다.

그로 인해 직장에서도 더 근무하지 못하는 상황에까지 이르게 되고 퇴사 후 뒤늦게나마 건강에 관심을 가지기 시작했다. 책을 통하여 식이요법, 호흡 등을 공부하면서 그동안 건강관리를 제대로 하지 못해 목숨까지 위태롭게 만든 자신의 행동들에 실망하고 낙심하며 살 의욕조차 잃었던 순간들에 대해 후회했다. 그러나 독서로 마음에 소망을 품게 되고 힘을 얻어 전원주택 생활을 하게 되었다. 손수 여러 가지 채소들을 무공해로 키워 식단을 바꾸고, 운동 방법과 호흡 등을 익혀 실천하자 상상하지도 못할 정도로 건강을 회복해 새로운 삶을 시작했다.

이렇게 책은 어려운 순간에 힘을 발휘해주는 아주 소중한 보물이다.

04

독서는 삶을 바라보는 시각을 달라지게 만든다

적극적인 독서는 그 자체가 가치있는 것이며, 그것이 사업상 성공으로 연결될 수도 있다.
그 뿐만이 아니고 훌륭한 독서란 우리를 격려하여 어디까지나 성장시켜주는 것이다.

– 모티머 J. 애들러 –

하루는 우리 딸아이가 다니던 초등학교에 다녀왔다고 했다. 어릴 적에는 학교가 무척이나 크고 운동장도 엄청 넓어 보였는데 지금에 와서 보니 학교가 이렇게 좁았었나 싶을 정도로 작아 보였다고 한다. 그때는 운동장에 나무도 많았고 모래도 많아서 참 놀기에도 좋았었는데 하며 학교 모습이 달라 보이니 내심 좀 아쉬운 모양이었다. 나이를 먹어가면서 행복했던 순간들과 수많은 추억은 하나하나 잊은 채로 바쁜 일상을 살아가게 된다.

다른 사람들보다 더 좋은 학교, 더 좋은 회사에 가기 위해 매일같이 전쟁을 치른다. 나는 어릴 적에 학교에서 선생님의 심부름했을 때 "아주 잘 했다."라는 칭찬을 받을 때 가장 기분이 좋았다. 그다음 심부름을 시킬 때는 더욱더 잘하려고 노력했고, 지금에 와서 돌이켜보면 어처구니가 없어 보이지만 조금이나마 더 좋은 직장, 더 안정된 직장, 조금이라도 월급을 더 주는 곳에 가는 것이 꿈이었다.

그 외에는 전혀 관심이 없었다. 오로지 그 길이 전부라고 생각을 했다. 하지만 자투리 시간을 통해 독서를 시작했고, 책을 통해 취업, 직장이 전부가 아니라는 것을 알게 되었다. 그동안 나는 우물 안 개구리였다는 사실을 깨닫게 되었고 내가 원하는 새로운 삶을 살기 위해서는 지금까지 갖고 있었던 편견과 고정 관념을 깨뜨려버려야 했다.

세상은 아는 만큼 보이기 마련이다. 세상을 잘 살아가려면 사람은 시간을 투자해 경험과 지식을 겸비해야 하지만 현실은 자신이 처한 여러 가지 이유와 상황들로 인해 시간이 턱없이 부족하다.

때로는 나의 몸을 여러 개로 만들어 여러 가지의 일을 해보고 처리해 나가고 싶을 때도 있다.

하지만 자신이 진정 변화하기 원한다면 시간과 환경 탓을 할 것이 아니라 자투리 시간을 활용해 독서를 해야 한다.

독서를 통해 다른 사람들의 경험을 자신의 것으로 만들 수 있어야 한다.

"생각하는 대로 살지 않으면 사는 대로 생각하게 된다."라는 말처럼 자신의 현재 모습은 과거에 했던 생각과 행동에서 비롯된 것이라고 한다. 그렇기에 아무런 생각 없이 현재를 살아간다면 미래 역시 아무런 생각 없이 살아가게 되는 결과를 초래하게 될 것이다.

사람들 대부분이 자신의 마음속에 원하는 삶에 대한 꿈을 가지고 있다. 어떤 사람들은 자신이 원하는 삶을 살기 위해 엄청나게 노력하며 살아가고 있고, 현재의 모습에 그럭저럭 만족하며 살아간다. 분명한 것은 현재 자신의 위치는 모두 과거의 자신이 선택한 삶의 결과라는 것이다.

직장에 들어가면 내 삶의 가치를 어디에 두고 살아가느냐 하는 생각은 안중에도 없고 오직 직장의 규칙대로 승진에 급급해 또 다른 경쟁을 시작한다.

정말 내가 원하는 삶이 어떤 것인지 생각할 겨를도 없이 진급이라는 타이틀에 목을 매고 매진한다. 또한, 진급하면 할수록 자리의 무거운 책임감과 현실의 무게로 미래에 대한 특별한 준비 없이 앞으로만 전진하게 된다.

자신의 명확한 목표를 세워 주체성을 가지고 하루하루를 보람 있게 채워 나갔다면 위의 사례처럼 살아가지 않을 것이다. 사람들이 최고라고 생각하며 걸어간 길을 그대로 밟고 살아간다면 그 사람은 딱 그만큼의 인생을 살게 될 것이다. 아무 의미 없이 반복되는 직장 생활은 자신에게 불필요한 시간이 되고 말 것이다.

나는 직장을 다니면서 늘 불안했다. '언젠가 행복하겠지, 언젠가 잘 살겠지.' 하며 늘 생각만 하고 살아가는 내 모습이 정말 싫었다. 내 주위, 빈자의 사고를 하는 사람들과 주로 어울리다 보니 나 또한 빈자의 생각만 하게 되고 빈자의 행동만을 하게 되었고, 세상을 보는 안목의 폭도 좁아지며 머릿속에는 온통 부정적인 사고가 가득 채워져 있었다.

이렇게 세월이 흐를수록 먹고살기에 급급한 삶을 살다 보니 나의 인생이 막막함밖에는 그려지지 않았다.

동기부여를 일으키는 일화가 있다. 개구리를 뜨거운 물에 집어넣으면 놀라서 뛰쳐나가버린다. 그러나 미지근한 물부터 냄비에 담아 불을 켜 놓으면 물이 서서히 데워지면서 결국에는 뜨거운 물에 삶겨 죽게 된다.

이처럼 따뜻함과 평온함에 안주하다 자신도 모르게 죽어가는 개구리처럼 독서 하나 하지 않고 살아온 익숙한 삶과 평안함에 젖어 미래를 죽여버리는 시간을 보낼 수도 있다.

"독서를 통해 시도해보지 않고는 누구도 자신이 얼마만큼 해낼 수 있는지 알지 못한다."

– 푸블릴리우스 시루스 (고대 로마의 노예 출신 작가)

지난 과거에 여러 가지 자영업으로 실패한 적이 있다. 실패의 연속으로 삶의 희망과 꿈은 사라지고 온통 좌절과 낙망과 분노로만 가득 차 있던 나의 삶이 새로운 희망과 도전을 하게 된 것은 독서 때문이었다.

우리는 살다 보면 지치게 된다. 때로는 걷다가 지치면 쉬어가거나 숨도 고르고, 급할 때는 전력 질주를 하기도 해야 하는 게 우리네 인생이다. 사람은 누구나 한 번쯤은 넘어진다. 그럴 때는 툭툭 털고 일어나면 된다.

예전에는 이 간단한 이치를 머리로만 알았던 것 같다. 일단 우리가 넘어져도 다시 일어서기만 하면 삶은 다시 이어진다는 사실을, 다시 시작하는 데 있어서 가장 중요한 것은 마음먹기에 달려 있다는 사실을 깨닫게 되었다.

독서로 많은 사람이 성공과 실패를 맛보며 다시 일어선다. 실패는 성공의 어머니라는 말이 있듯이 성공자들의 삶 또한 처음부터 탄탄대로는 아니었다. 그들 역시 사업으로 수십억, 수백억의 빚이 있었지만 삶을 포기하지 않고 끊임없는 도전과 노력으로 다시 성공의 길로 걸어가게 됐음을 수많은 책은 얘기하고 있다.

나에게 '가슴이 뛴다.'라는 건 무언가를 선택할 때 매우 중요한 기준이 된다. 가슴이 뛴다는 것은 흥분되고 설렌다는 의미이고, 곧 행복의 다른 말이기도 하기 때문이다. 『나는 4시간만 일한다』라는 책에서 저자 팀 페리스는 "행복의 다른 말은 흥분"이라고 주장하고 있다. 이에 대해서는 나도 어느 정도 공감을 한다. 누구나 가슴이 뛰고 흥분되고 설레는 일을 할 때 행복을 느끼게 마련이다.

이렇게 독서를 하다 보면 여러 측면에서 삶을 바라보는 시각을 가지게 되고, 시간이 갈수록 과거와 다르게 변화되는 나의 모습을 발견하게 된다. 이처럼 책을 통해 다른 사람들의 성공과 실패한 사례들을 미리 배우고 익히며 자신의 관점과 시야를 넓혀 멋진 미래를 준비할 수 있다. 남들처럼 불안한 미래를 살아가는 것이 아니라 미래를 위해 철저히 준비함으로써 원하는 인생을 이끌어가야 한다. 내 주위에 성공한 사람을 찾을 수 없다면 책을 통해서 만나보자.

그들이 성공할 수 있었던 원리를 눈으로 읽고 깨우쳐 자신에게 적용해 보자. 우리는 이 세상에서 조금 더 많은 것들을 경험하고 체험하기 위해 태어났다는 점을 잊지 말자. 남들과 똑같은 삶을 살기 위해 온 것이 아니다. 지금 자신이 처해 있는 상황이 힘들고 가난할 수도 있지만, 좁은 시야를 가지고서는 더 멀리 항해를 할 수 없다. 자투리 시간을 이용해 책을 읽고 제삼자의 시야로 자신을 객관적으로 바라보며 생각과 시야를 넓혀서 조금씩 발전해나가면 된다. "나는 매일 모든 면에서 조금씩 좋아지고 있다."라고 자신에게 외쳐보자.

05

책은 인생을 더욱 풍요롭게 채울 수 있는 열쇠이다

끊임없이 노력하라. 체력이나 지능이 아니라,
노력이야말로 잠재력의 자물쇠를 푸는 열쇠이다.

– 윈스턴 처칠 –

요즈음 코로나19로 인해 집 밖을 나갈 일이 자꾸만 줄어들고 있다. 재택근무가 늘어나고 우리 아이들 또한 화상 수업을 들으며 집에 머무는 시간이 더욱 길어지고 있다.

이에 상응해 어머니들은 가족들 삼시 세끼 식사를 챙기느라 예전보다 훨씬 분주해졌다.

시간의 여유로움으로 각자의 방법대로 하루를 보낸다. 요즈음 모임을 잘 갖지 못하니 독서 모임도 줌(zoom)으로 많이들 모여 공감대를 형성하고 있다.

지난날 동기부여 모임에서 매주 한 번씩 독서토론을 할 때 있었던 일이다.

평소에 책을 잘 읽는 습관이 없으니 매주 한 번씩 모이는 것이 참으로 부담스러웠다. 늘 모든 일을 다 한 후에 책을 읽으려니 시간도 안 날 뿐더러 무엇보다도 책을 읽으려면 졸음이 쏟아져 견딜 수가 없었다.

독서 모임의 날은 다가오고 책은 읽은 것이 없고 시간에 쫓기며 전전긍긍하며 참석을 했다. 억지로 한 부분만 읽고 느낀 점도 잘 찾지를 못해 말로 표현하는 것이 무척이나 힘이 들었다. 이 독서 모임을 억지로 유지하며 참석을 하려니 소가 도살장에 끌려가는 기분이었다. 그래도 조금씩 책을 읽어가다 보니 나도 모르게 독서 습관이 자리를 잡아가고 있었던 것 같다.

일부분을 읽고 느낀 점도 어느 정도 발표를 하는 것도 익숙해지니 독서의 시간이 즐거운 시간으로 전환되었고 지식을 쌓고, 간접경험을 하고, 지혜를 얻을 수 있었다.

지금 현대인들은 과거 어느 시대보다도 엄청난 속도로 빠르게 변화하는 시대를 살아가고 있다. 인터넷이 만들어놓은 거대한 네트워크망은 정보 전달의 속도를 수만 분의 일로 줄여놓았고 이런 사회 속에 묻혀버린 인류는 오늘도 그 속도를 따라잡기 위해 질주에 질주를 거듭하고 있다.

이와 동시에 우리는 생각을 중요시하지 않고 있다. 생각에 빠져들 시간과 공간을 마련하는 것이 좋다. 독서는 자신만의 생각을 하기에 가장 좋은 방법이다. 새로운 지식과 사상을 받아들이면서 집중할 방법 중 독서만큼 좋은 것이 없다. 독서를 통해 갖게 되는 사색의 시간은 자기가 갇힌 박스(box) 사고에서 벗어나게 해주는 최적의 도구가 된다.

세상을 따라잡기 위해 미친 듯이 질주하는 시간 속에서 벗어난 휴식의 시간은 더 빠른 속도가 아닌 새로운 방향과 올바른 방향을 찾아가게 하는 시간이다. 책에는 이미 성공한 사람들의 성공할 수 있었던 이유와 성공했다가 실패한 길을 걷고 있는 사람들의 방식, 세상의 역사와 그 흐름이 다 담겨 있다. 자신이 달리면서 놓쳤던 것이나 놓치고 있는 것들에 대해 근본적으로 생각하게 되는 것이다. 오직 변하지 않는 것은 만물은 변한다는 사실뿐 임을 기억해야 한다.

"내가 가고자 하는 길을 막고 있는 사람은 바로 자신이다. 자신을 극복하지 못하면 아무것도 이룰 수 없다. 자기 자신을 극복하는 순간 비로소 세상에 도전할 기회가 주어진다. 이 세상을 살아가는 데 가장 큰 적은 바로 자신이다. 또한, 이 세상을 살아가는데 먼저 길을 열어주는 사람도 자신이다. 자신을 인생의 적으로 만들지 말아야 한다. 더 큰 세상으로 가기 위하여 반드시 넘어야 할 산은 바로 자신이다. 가장 높은 산도 자신이다. 마음을 열면 새로운 세상이 문을 연다."

– 신광철, 이호종, 『칭기즈칸 리더십』

이 책을 읽으며 나에게 말하는 것 같다는 생각이 들었다. 나는 늘 매사에 새로운 일을 도전하거나 무엇인가 다른 일을 준비하려고 하면 늘 집안에 무슨 일이 생기고, 예기치 않은 문제가 발생해서 주저앉곤 했다.

여기에서 보면 이 모든 상황이 문제가 아니라 바로 문제는 나 자신이다. 지금껏 아무것도 이루지 못한 이유는 나 자신 때문인 것이다.

지금까지 나 자신을 극복하지 못하였기에 아무것도 이루지 못했다. 자기 자신을 극복하는 순간 비로소 세상에 도전할 기회가 주어진다고 했다.

지금 나는 작가의 인생이라는 새로운 길을 걷고 있다. 아니나 다를까 모든 주위 환경에서 내가 집중할 수 없도록 문제가 발생하고 있다. 무엇보다 나 자신이 약해질까 봐 드는 두려움, 가족 간의 갈등, 자녀들 문제, 시어른 건강 문제 등 이러한 요소들이 나의 길을 막고자 고개를 든다. 하지만 이제는 마음가짐과 의식의 성장으로 나는 지난날의 내가 아니다. 하나하나씩 해결해나가며 절대로 포기하지 않고 나의 꿈을 향해 달려갈 것이다.

내가 가고자 하는 길을 막고 있는 사람은 나 자신이라고 말을 했다. 나 자신과 하는 싸움에서 이겨야 한다. 결단코 이번에는 절대 지지 않을 것이다.

반드시 넘어야 할 산!!! 나 자신을 뛰어넘을 것이다. 내 인생에서 더는 유턴은 없다. 나는 50 평생을 살아오면서 나 자신이라는 큰 산을 넘지 못해 계속해서 유턴만 하고 살아왔다. 이제는 내 인생에서 전진만이 있을 뿐이다. 나에게 길을 열어주고, 더 큰 세상으로 나아가게 만들 것이다.

“인생 최대의 성공은 자신에게 도전해 승리하는 것이다. 적을 이기기는 쉬워도 자신과 싸워 이기기는 어렵다.”

– 빌 게이츠

나는 더는 나 자신에게 속지 않을 것이다. 나를 힘들게 한다고 나를 성공의 길로 가지 못하게 한다고 늘 주위와 환경만을 탓한 나 자신이 부끄럽다. 그렇다고 또 주저앉을 수만은 없다. 이제 나 자신이라는 크나큰 산을 뛰어넘어 큰 세상을 향해 뛰어나갈 것이다. 이렇게 나는 독서를 통해 나의 삶의 길을 잡아가고 있다. 책 한 권으로 나의 삶은 풍요로운 것으로 변화해가고 있다.

『빌 게이츠 @ 생각의 속도』에서 보면 그는 세계에서 가장 바쁜 사람에 속한다. 그러나 그는 매년 의도적으로 1년에 두 차례나 짐을 꾸려 홀로 호숫가 통나무집으로 간다. 2주일 동안 생각 주간을 설정하여 아무에게도 방해를 받지 않은 채 자신만의 생각에 몰입한다고 했다.

빌 게이츠가 휴가지에 항상 책을 가지고 가서 독서하는 이유는 책이 생각의 발전에 좋은 역할을 하기 때문이다. 생각에 몰두하기 위해서 아무에게도 방해받지 않는 자신만의 생각을 할 시간을 갖고자 한 것이다.

빌 게이츠처럼 생각의 주간을 만들어 휴가를 간다면 더할 나위 없이 좋겠지만 그러한 여건이 안 된다면 아침의 묵상과 기도로 혹은 좋아하는 글귀를 암송하며 생각의 시간을 가지는 것도 좋은 방법이다.

이처럼 나는 독서로 세계 최고의 성공자를 만나고 그의 생각을 들을 수 있고 그의 계획을 엿볼 기회를 가질 수 있다. 독서는 사람을 성장시키고, 마음을 풍요롭게 한다. 책 한 권은 내 삶을 유턴하던 삶에서 전진하는 삶으로 변화하게 해주고, 내 인생을 더욱 풍요롭게 채워갈 수 있는 열쇠가 되었다.

06

독서는 매일 기적을 만들어가는 시간이다

책을 읽는다는 것은 자신의 미래를
만드는 것과 같은 뜻이다.

– 랄프왈도 에머슨 –

예전에 친구들이랑 여름휴가로 청도 운문댐 쪽으로 물놀이를 갔었다. 여러 친구랑 같이 가서 각자 맡은 분야별로 움직였다,

밥, 반찬, 국, 여러 가지 재료 담당을 각각 정해놓고 텐트를 치고, 각자의 성향대로 놀기 시작했다. 책 읽는 친구, 음악 듣는 친구, 다이빙하는 것이 재미있다고 다이빙하는 친구 몇몇은 바로 수영하러 물에 들어가 놀고 있었다. 그 그룹에 나 또한 포함되어 열심히 놀고 있었다.

물놀이와 수영을 얼마나 많이 하였던지 배가 고프기 시작해 다들 점심 준비로 바쁘게 움직였다. 점심을 배불리 먹고는 식곤증으로 잠들었고,

나도 살짝 잠이 들었다가 너무 더워 수영이나 해야겠다 싶어 물속에 들어갔다. 열심히 더위를 식히며 물속에서 헤엄을 치고 있는데 갑자기 다리에 쥐가 났다. "사람 살려!"하고 소리치니 아이들은 잠들어 있었고, 나는 계속해서 물속에서 꼬르륵 소리를 내며 올라왔다 내려갔다 혼자서 발버둥을 쳤다. 얼마나 살려달라고 외쳤던가! 그러나 아무도 나의 말을 듣고 있질 않았다. 이젠 말도 잘 나오질 않았다. 허우적거리며 물 위로 올라갈 힘도 없었다.

그때 나의 뇌리에 '아, 이렇게 물에 빠져 죽는구나.' 하는 생각이 들었다. 나는 그 짧은 순간에 많은 생각이 떠올랐다. 앞도 잘 보이지 않는 엄마, 불쌍한 엄마 혼자 남겨두고 죽을 것을 생각하니 갑자기 눈물이 났다. 그러나 아무도 나를 구하러 오질 않아 나는 죽는구나 하고 생각하고 하나님 앞에 기도했다. '저 이제 죽는 건가요?' '하나님 저 살려주세요.' 하고는 온몸에 힘이 빠졌다. 그리고 난 정신을 잃었다.

기적이 일어났다. 눈을 떠보니 나는 살아 있었다. 어떻게 된 거냐고 친구들에게 물어보니 친구 중 한 명이 내가 수영하러 들어가는 것을 보았는데, 조금 있어 보니 무슨 소리가 들리는 것 같기도 하고 해서 보면 아무 소리도 안 나는 것 같기도 하고, 또 조금 있으면 소리가 나고 해서 이상한 느낌이 들었다는 것이다. 다급히 친구들을 깨우기 시작했고 내가 없는 것을 확인하고 친구들이 구조에 나선 것이다. 그렇게 긴급하게 돌아가는 상황 속에서 하나님의 은혜와 친구들 덕분에 이렇게 살아 있는 것은 기적이라 할 수밖에 없었다.

이러한 기적이 일어난 것과 같이 나는 자투리 시간을 활용한 독서를 통해 내 삶에 또 다른 기적을 일으키고 있다. 대부분 처음 겪는 일이나 새로운 분야에 도전하는 일은 사람을 두렵게 하고 긴장하게 만든다. 지금까지 경험해보지도 않았고 익숙하지도 않기 때문에 당연한 일일 것이다.

과거 뉴스킨 사업을 할 때 앞에 나가서 피피티로 사업 설명과 개인적인 성과 발표를 하는 시간이 내게는 가장 힘든 시간이었다. 워낙 부끄러움을 많이 타는 성격이라 다른 사람들 앞에서 무언가 한다는 건 정말 긴장되며 입이 바짝바짝 타들어가는 느낌이다. 어떻게 해서든 떨지 않으려고 새벽까지 연습하고 또 새벽 일찍 출근해 강단에서 사람이 있는 것처럼 피피티를 띄워놓고 한 번 더 연습한다.

이렇게 시작을 해도 실전에 가면 숨길 수 없는 긴장감과 두려움은 나의 앞을 가로막는 하나의 커다란 벽과 같은 존재였다. 이런 긴장감과 두려움으로 인해 매사에 모든 일을 포기할 때마다 나 자신이 한심하고 서려웠다.

그러나 이 두려움과 긴장감 때문에 암울한 미래를 맞이하고 싶지 않았다. 반드시 두려움을 극복해 자신감 있게 삶을 살고 싶었다. 나의 한계를 뛰어넘기 위해서는 지금까지 나의 모습과는 정반대로 살아가야 한다는 것을 깨닫고 행동하기 시작했다. 누구에게 도움을 받는 처지가 아니라 도움을 주는 사람으로, 매사에 다른 사람의 말을 듣는 처지가 아니라, 말을 하는 사람으로 바꾸기 위해 노력했다.

그 결과 나 자신이 조금씩 나아지는 것을 느꼈고, 나에게도 변화라는 기적이 일어나기 시작했다. 발표가 있는 날이면 연습에 연습을 거듭하면서 말의 속도, 발표 시간, 타이머를 걸어놓고 체크를 하며 연습을 했고 마지막을 장식할 멋진 멘트도 준비를 한 결과 박수갈채를 받으며 잘했다고 칭찬까지 받게 되었다.

긴장감과 두려움의 상황을 극복했던 순간들 속에서 모든 생각과 행동들은 나 자신에게서 비롯된다는 것을 깨닫게 되었다. 새로운 직장으로 이직하기 위해 면접이나 발표를 할 때 부정적인 생각이나 마음이 들 때, 긴장되는 그 순간이 오면 스스로가 자신감을 가질 수 있도록 나에게 긍정의 암시를 한다.

'나는 할 수 있다. 나는 할 수 있다. 나는 반드시 성공한다. 나는 반드시 성공한다!'

별것 아니라고 생각하겠지만 그 별것 아닌 것이 효력을 발휘한다는 것이 나에게 증명이 되었다.

직장에 면접을 보러 가는 날이었다. 가는 도중에도 내내 긴장되고 떨리고 두려웠지만 나 자신에게 계속 긍정의 암시를 하며 면접 장소로 향했다. 도착하니 이미 많은 면접생이 모여 있었고 드디어 면접시험이 시작되었다, 내 차례가 되었다. 면접관들이 다섯 명이 있었다. 나에게 순서대로 질문이 쏟아졌고, 심장이 손에 땀은 났지만, 그에 맞는 답변도 담담하게 잘 해냈다.

그동안에 수도 없는 연습과 스스로 건 긍정의 암시 덕분에 자신 있게 답변을 할 수 있었다. 무사히 면접을 마치고 후련한 마음으로 면접장을 빠져나왔다. 그리고 일주일 뒤 메시지 한 통이 왔다. 그 메시지는 합격 통지 메시지였다. 그 메시지를 보는 순간 그동안 준비해왔던 나 자신이 얼마나 뿌듯하던지 나 혼자서 '잘했어! 잘했어!' 하며 나 스스로에게 칭찬을 해주었다.

그 후 나는 자신감의 중요성을 다시 한번 깨닫게 되었다.

지난 과거의 두려움을 극복하기 위해 나 스스로 자신에게 긍정의 암시를 걸어 자신감을 키웠던 것처럼 나는 다시 한번 독서를 통해 더 큰 자신감을 키우기 위해 노력했다. 나 자신의 믿음의 크기를 키우기 위해 강한 자신감을 느끼게 해주는 동기부여 관련서인 자기계발 서적을 읽기 시작했다.

자기계발서를 읽으면서 책의 내용을 익히고 익힌 내용을 다른 사람들에게 알려주고 싶은 마음이 굴뚝같았다. 과거의 나처럼 자존감이 낮아 우울하고 늘 주눅이 들어 있는 사람들에게 자기 자신이 얼마나 소중하며 유일한 존재인지를 깨닫게 해주고 싶었다.

직장에 처음 입사를 하는 사람들은 처음에는 서툴고 적응하기가 쉽지가 않다. 모든 것이 다 낯설 때 누군가 먼저 말을 걸어주고 할 수 있다고 격려도 해주며 차근차근 일에 대해 알려주면 한결 적응하기도 쉽고 회사에 마음 붙이기도 쉬운 것이다.

이처럼 처음 입사를 하는 사람을 격려해주고 여기 오기 전에 무슨 일을 했는지, 결혼은 했는지, 아이는 몇이며 몇 살인지, 꿈은 무엇인지, 앞으로 무슨 일을 하고 싶은지 등등 여러 가지로 면담을 통해 자신감을 키워나갈 수 있도록 심리적으로 지원을 해주었다. 그리고 항상 면담이 끝날 무렵 항상 독서의 중요성을 강조했다.

지금의 나를 처음 보는 사람은 과거에 내가 수줍음 많고, 뒤에 숨기를 좋아하고, 두려움에 떠는 사람이었다고는 절대 상상하지 못한다. 독서와 살아온 삶을 통해 강한 마음과 믿음을 키워온 지금은 어떠한 어려운 순간이 다가와도 나는 두렵지 않다. 오히려 감사하다. 왜냐하면 "시련은 변형된 축복이다."라는 말처럼 시련과 역경은 나의 그릇을 더 넓히고 성장시키는 과정이라는 것을 알기 때문이다.

보통 우리의 삶에서 생각하는 수준을 뛰어넘어 미래를 생각하고 상식의 이상을 생각할 수 있는 사람이 된 건 모두 하나님의 말씀과 독서 덕분이다. 퇴근해서 쉬고 싶고, TV 보고 싶고, 그 자리에 안주하고 싶지만, 그 시간을 자투리 독서로 채워가며 내가 원하는 미래를 향해 나아갔다. 지금의 나의 모습이 자랑스럽다. 이렇게 나는 매일매일 독서로 기적 같은 일들을 이루어가고 있고, 나는 매일매일 조금씩 성장하며 성공하고 있다. 이 모든 작은 행동들이 나에게는 기적과도 같은 일이다.

07

독서를 통하여 변화라는 기적이 일어나기 시작했다

우리가 변하기 전엔
아무것도 변하지 않는다.

– 앤드류 매튜스 –

나는 과거에 참으로 욕심도 많았고 하고 싶은 것도 많았는데 가정 형편이 어려운 탓에 할 수 없는 것이 늘 불만이었다. 먹고 싶은 것도 많았지만, 배불리 먹지 못하던 시절을 보낸 적도 있었다. 이렇게 내가 하고 싶은 것을 제대로 하지 못하고 억누르고 살다 보니 나의 마음 한구석은 온통 불평불만이 가득했다.

누군가 말을 붙이면 호전적인 기세로 덤벼들기가 일쑤였다. 그러니 어찌 대화가 되겠는가. 무엇이든 내가 직접 해봐야 직성이 풀리고 무엇이든 내 눈으로 보아야 믿었다.

학교에서도 어린 나이였음에도 운동을 할 때나 체육 시간에 1등을 하지 못하면 울고 짜증을 내며 신경질을 부렸다. 지금에 와서 생각해보면 잘은 하지 못하면서 승부에 대한 욕심만 강했던 것 같다. 이렇게 다혈질의 성격으로 주위 사람들을 많이도 힘들게 했던 시절이 있었다.

독서에 재미를 붙인 이후로 이런 나의 모난 성격이 조금씩 변화하기 시작했다. 내가 만약 독서를 하지 않았다면 지금의 나의 변화된 모습이 있었을까 하고 지난날을 되새겨본다. 역시 책을 읽었기에 가능한 일이었고, 책 한 권은 하나의 세계이면서 한 사람의 경험과 노하우가 듬뿍 담긴 인생의 여정을 그린 것이다.

내가 만난 수많은 책 속의 주인공들은 자기의 이야기를 글로 적음으로써 독자들을 변화시키고 지금까지 느껴보지 못한 세계 속으로 이끌어가 여러 가지의 간접 경험을 하게 만들었다. 젊었던 20대, 직장 생활할 때를 지금 와서 생각해보니 얼마나 철이 없었는지 쥐구멍이라도 있으면 들어가고 싶은 심정이다.

처음 입사해서 신입이라 일을 많이 주지 않은 것을 모르고 옆에 선배들은 일 분량이 많아 시간에 쫓기고 있는데 나는 내가 맡은 일은 다 했다고 빈둥거리며 시간을 보내고 있다든지 '도와줄까요?'라고 물어보지도 않은 것 같다.

그러니 그들은 얼마나 내가 미웠겠는가? 며칠이 지나 반장이 불러서 갔더니 이제 며칠 지났으니 옆에 사람 일 바쁘면 좀 도와주고 같이 협력해서 하라고 하길래 좀 의아해했다. 직장 생활이라는 게 물론 일마다 조금씩 다르겠지만, 내가 하는 일은 옆에 사람들과 서로서로 도와주며 해야 하는 일이었다. 자리, 부서 상관이 없었다.

그런데도 '내가 왜 그래야 하지?' 식으로 버티고 개인주의적으로 행동을 하니 어느 누가 좋아하겠는가? 이렇게 해서는 사회생활이 안 되겠다 싶어 내가 더욱더 적극적으로 도와주려고 노력을 하고 나의 일을 빨리 끝내놓고 다른 일을 돕기 시작했다. 때로는 뭐가 필요한지 물어보기도 하고 열심히 도우려고 하니 직장 선배들이 "이렇게 일을 잘 하면서 처음에는 왜 그랬어?" 하며 웃음으로 농담 삼아 묻기도 했다. 이렇게 나의 입지도 점점 자리를 잡아가고 있었다.

나는 좀 더 직장 생활을 잘해나가려면 현명하게 직장 생활을 해가며 행복한 삶을 살아가는 사람들의 이야기를 책을 통해 읽는 것도 좋겠다 싶었다.

직장 생활을 하며 책을 읽기란 쉬운 일이 아니었지만 책읽기에 도전하며 자투리 시간을 활용해 독서를 하기 시작했고 시간이 조금씩 흘러 발전되고, 직장 생활도 잘 헤쳐나가는 나 자신을 발견하게 되었다.

코디로 직장 생활을 할 때의 일이다. 한 고객 집에 처음 들어가 인사를 하고 작업하다 벽 한 면이 온통 상장으로 도배된 것을 보았다. 궁금해서 여쭈어보니 딸아이가 중학교 때까지만 해도 공부도 하지 않고 늘 야자(야간자율학습)도 빠지고, 집에 오면 TV를 보거나 게임만 했다고 한다. 어느 날 이 아이가 친구를 만나고 집에 들어오며 책 한 권을 가지고 오더니 그 책만을 몇 번을 읽고 또 읽더라는 것이다.

그 고객도 아이가 책 한 권을 여러 번 읽는 건 처음 보았다면서 "그 책으로 인해 우리 집에 기적이 일어났어요!"라고 말을 했다. 그 책을 읽고, TV며, 게임을 모두 그만두고 공부를 하기 시작했다고 한다. 그다음부터 1년이 지난 후 상장을 받아오기 시작했다고 한다. 처음에는 아이가 상을 받아 오니 기분이 너무 좋아 두고두고 보려고 하나 붙였었는데 하나하나 붙이다 보니 도배를 하게 되었다고 한다. 이젠 시험 칠 때마다 전교에서 1~2등을 앞다투고 있다고 한다.

무슨 책을 읽었냐고 물어보니 고객은 책 제목이 잘 기억이 나질 않는다며 역시 사람은 책을 읽어야 사람이 되는 것 같다고 본인도 책 좀 읽어야 하겠다고 웃으셨다. 그렇게 담소를 나눈 기억이 있다.

이렇게 책을 통해 한 사람의 인생이 바뀔 수도 있다. 나는 그 아이가 분명 성공하리라 믿어 의심치 않는다. 내가 생각해보면 그 아이는 분명 공부도 잘할 수 있었는데 왜 공부를 해야 하는지 그 이유를 모르고 있었던 것 같다. 독서를 통해 왜 공부를 해야 하는지 그 이유를 찾아냈을 것으로 생각한다. 이처럼 독서를 통해 각 개개인이 변화하고 기적이 일어날 수 있는 것이다.

몇 년 전 나는 친구들과 미국 여행을 갔었다. 라스베이거스의 화려한 거리. 온 얼굴에 화이트로 분장을 하고 사진을 같이 찍어주겠다고 우리를 유혹하는 사람들, 현란한 복장으로 자기들의 영업 장소로 인도하기 위한 상술들이 판을 치는 정말 치열한 삶의 터전이었다. 화려한 라스베이거스를 뒤로 하고 사막을 가로질러 자이언캐년으로 향했다. 자이언캐년의 그 웅장함에 압도당하고, 그 아름다움에 반하고 이루 말할 수 없는 매력에 푹 빠져버렸다.

우리는 말로 다 이루어 표현할 수 없을 정도의 위대함과 하나님의 솜씨를 두 눈으로 직접 보게 되니 감개무량하다는 말밖에는 할 말이 없었다. 하나님과 자연이 만들어낸 그 중후함을 말로 표현을 할 수 없었다. 지금 자세하게 글로 표현할 수 없지만, 그때 자이언캐년을 보고 느꼈던 기분은 아직 생생한 것 같다.

나는 예전에 다른 사람들이 여행을 다녀오고 나서 말하는 그곳의 좋은 점과 아름다움, 그때 느꼈던 감정들에 관한 이야기를 듣다 보면 너무너무 여행을 떠나고 싶었고, 그들의 경험을 귀담아들으면서 내심 나도 여행 계획을 잡아볼까 하는 마음을 갖기도 했다.

내가 가보고 싶은 곳이 있다면 직접 가서 내 눈으로 봐야 그곳을 그대로 느낄 수 있다. 아름다운 광경 또한 나의 눈에 직접 담아 오는 것이 확실한 느낌을 오래 간직할 수 있게 한다. 이처럼 내가 직접 보고 경험함으로써 시야도 더 넓어지고 생각의 그릇 또한 커지는 법이다.

이렇게 직접 여행으로 가보는 것이 가장 좋긴 하지만, 만약 상황이 그렇지 못하다면 한 권의 책을 통해 세계여행이며, 우주여행까지 다녀올 수 있다. 이처럼 책 한 권으로 자기의 생각과 행동을 변화시킬 수 있고, 자신의 잘못된 모습을 발견하고 고칠 수 있는 시간을 가져보는 것이야말로 그 어느 것과 비교할 수 없는 값진 시간이지 않겠는가?

이미 세상에는 독서를 통해 변화된 삶을 사는 사람이 무수히 많다.

지금 이 책을 읽고 있는 독자도 독서를 통해 자신이 변화되는 기적을 맛보기를 바란다. 책을 얼마나 읽었느냐가 중요한 것이 아니라 책을 읽고 얼마나 자신을 변화하게 했느냐가 더 중요하다. 만약 처음이 어려워서 시도조차 하지 못하고 있다면 나의 블로그나 인스타그램, 나의 유튜브를 보고 와도 괜찮을 것이다. 시작할 수 있는 동기부여를 확실히 해줄 것이다. 저자가 되기 이전 나의 지극히 평범했던 삶도 독서로 변화되는 기적을 맛보았다. 그러니 독자도 분명히 할 수 있다. 지금까지 살아보지 못한 삶과 세계가 당신을 기다리고 있을 것이다. 지금 당장 시작하는 자가 기회를 잡는 법이다.

08

작은 것에 감사할 줄 알면 큰 것을 얻게 된다

아침에 일어날 때마다
할 일이 있음에 감사하라.

– 킹슬리 –

요즈음 바쁜 사회에서 많은 사람이 시간에 쫓기고, 일에 쫓기며 살아가고 있다. 이런 바쁜 와중에 주위를 둘러보며 감사하는 마음의 여유를 가지기는 힘들 것이다. 시대가 매우 빠르게 변화하며 흘러가고 있기에 그 변화를 따라가려다 참으로 소중하고 귀한 것들을 놓칠 때가 많다.

아침 방송 채널에서 평범한 시민들의 끼를 발산하는 방송을 우연히 보게 되었다. 현직 변호사이면서 가수의 꿈을 품고 도전하는 사람, 스피닝 강사, 모범택시 운전기사 청년 등등 몇몇 분들이 나와 자기의 넘쳐나는 끼를 발산하며 자신의 꿈을 이루어가는 것을 보여주는 방송이었다. 여기에서 기억에 남는 사람이 모범택시 운전기사였다. 나이는 30대인 것으로 기억을 한다. 이름은 그냥 K군으로 부르기로 정하겠다.

그는 휠체어를 탄 모습으로 등장했다. 첫인상은 키는 그런대로 커 보였지만 휠체어를 타고 있어서 정확하지는 않다. 그러나 표정이며 모든 몸짓이 밝고 행복해 보였다. 그 어디에도 어두운 그림자는 찾아볼 수 없었다. 그는 사고로 하반신 마비가 와 휠체어를 타게 되었다고 했다.

사고 당시 계약직으로 근무를 하고 있었다. 그날 그는 정식 직원으로 발령이 나는 날이라 회식 자리가 준비되어 있었다. 정식 직원 발령으로 기분도 약간 업된 상태에서 음주를 좀 한 것이 화근이 되었다.

회식은 거의 마무리가 되어가 다른 직원들은 집으로 다 향하고 혼자 남은 상태로 집으로 향하였다. 음주로 인해 밤이어서 길도 잘 보이질 않아 발을 헛디뎠는데 그게 4층 건물에서 뛰어내린 것과 같은 높이였다고 한다.

떨어진 곳이 사람들 눈에 잘 띄지 않는 곳이었지만 마침 아파트 공사 현장과 가깝게 떨어져 그 당시 밤 근무를 서고 순찰을 돌고 있는 경비 아저씨를 통해 발견되어 구조되었다고 한다. 그때 당시 발견되지 않았다면

피를 너무 많이 흘린 상태라 아마 그는 지금쯤 이 세상 사람이 아니었을 것이라고 고백을 했다. 구조가 되면서 긴급 수술을 하고 몇 달 만에 깨어났다고 했다.

척추를 다쳐 그 당시는 손가락 하나 움직일 수 없었다고 한다. 감각이 없었고 마음으로는 몸이며 다리며 팔을 열심히 움직이는 것 같은데 어느 한 곳도 움직이질 않고 있다는 것을 깨달았다. 어머니는 평생 누워서만 살아야 한다는 사실을 아들에게 차마 그대로 설명하지 못했다. 친구들이 병문안을 오면 다들 울고 가기 바빴고, "왜 그렇게 울어."라고 하면 "아니야 빨리 일어나야지." 하며 눈시울만 적시고 있었다고 한다. 그래서 본인 상태가 매우 좋지 않다고 생각을 했다. 결국, 자신의 남은 삶을 누워서 지내야 한다는 것을 알게 되었고 때로는 자기의 인생에 더는 행복이 없다고 생각을 했다. 그가 머무는 병실은 중환자실이라 하루는 옆에 환자 보호자 분께서 K군을 보고 부럽다며 내 아들도 K군처럼 깨어나기만 해주면 더 바랄 것이 없다고 했다.

K군 자신도 누워 있는 신세임에도 다른 분들에게 희망을 줄 수 있는 존재가 될 수 있구나 하고 생각했다. '아! 이렇게 있을 수는 없어. 많은 사람에게 희망을 주기 위해서 내가 무엇인가 해야 하겠다.'라는 생각을 하며 하나님께 기도했다고 한다. '하나님 저를 한 번만 일으켜 세워주신다

면 많은 사람에게 희망을 줄 수 있는 사람으로 살겠다.'라며 눈물을 흘리며 기도했다고 한다. 그 후 동생과 함께 재활 치료에 돌입했고, 그 이후에 2~3년이 지난 후 손을 움직일 수 있게 되고 앉게 되기까지 피나는 노력을 했다. 휠체어를 타는 것만으로도 삶에 기적이 일어난 것이다. 이렇게 K군은 스스로 무엇인가 할 수 있도록 피나는 노력을 했고 모범택시를 운전하면서 택시를 타는 승객들에게도 많은 꿈과 희망을 보여준 청년으로 기억되고 있었다. 그는 병원 생활을 하면서 수없이 감사하다고 하나님께 기도했다고 한다. 그전에는 감사할 이유도 몰랐으며. 감사할 거리가 없었다고 한다.

그는 큰 어려움을 겪고 나서 우리가 사소하게 넘겨버리는 세상의 모든 것들이 얼마나 감사한 것인지를 깨달았다고 한다. 지금도 항상 아침에 일어나면 무조건 감사 인사부터 하고 하루를 시작한다고 했다. 감사함을 고백하니 하루가 즐겁고 모든 사람이 사랑스러워 보이고 매사가 행복한 날이라고 말했다.

이처럼 우린 늘 큰일을 당하거나, 목숨의 위협을 받든지, 큰 질병으로 삶의 기로에 섰을 때야 비로소 감사할 것들을 발견하게 된다.

심리학 교수 로버트 에몬스(Robert Emmons)는 매일 감사 일기를 쓴 그룹과 일반적인 일기를 쓴 그룹을 비교하는 연구를 했다. 그 결과 감사 일기를 쓴 그룹의 75%가 행복 지수가 높아졌고, 숙면에도 큰 도움이 되었고, 업무 성과까지 높아졌다는 결과를 발견했다. 즉 감사 일기를 쓰는 것은 긍정적인 감정을 느끼는 두뇌 활성화로 인해 행복감을 더욱더 증진할 뿐만 아니라 오랫동안 지속시키는 것이었다. 이렇듯 감사에 관한 연구 결과에서도 확연히 차이를 나타내는 것처럼 우리가 얼마나 감사를 하며 살아야 하는지 이유를 확인할 수 있다.

미국에 변호사로 활동하는 한 남자가 있었다.

그는 오랜 시간 법조계에서 일했지만 삶은 그리 순탄치가 않았다. 그는 로펌에서 일하는 동안 최악의 상황에 빠지게 되었다. 경제적 위기를 겪게 되고, 동료들과의 적대적 관계로 힘들어하게 되었으며, 결혼생활은 파경을 맞게 되었고 자녀들과의 관계도 안 좋아졌을 뿐만 아니라, 이혼 후에 새로 시작한 연애도 끝을 보이고 있었다. 새해를 맞이하는 그는 혼자 산에 올랐고, 출구가 보이지 않는 미로 속에 갇힌 기분이었다. 그러다 길을 잃고 말았는데 그때 어디선가 소리가 들렸다.

"네가 가지고 있는 것들에 감사하는 법을 배울 때까지 네가 원하는 것을 얻지 못할 것이다."

이 말은 그가 어릴 적에 할아버지가 해준 말씀이었다. 그는 왜 하필 길을 잃은 산속에서 그것도 모든 것이 엉망진창이라고 생각되는 그때 그런 말이 다시 들렸는지는 알 수가 없었다.

그러나 그는 문득 끝이라고 생각했던 길에서 '감사'하는 삶을 살아가기로 마음먹었다.

그로부터 1년의 세월이 지나고, 그가 365번째의 편지를 보냈을 때, 이제 그의 삶은 완전히 달라졌다. 사업이 번창하고 자녀들과의 관계도 회복이 되고 동료들과의 관계는 다시 더욱더 돈독해졌으며 얼마 후 그는 캘리포니아주의 대법원 판사가 되었다.

절망의 끝에서 '감사'의 중요성을 깨닫고 새로운 삶을 선택함으로써 365번째의 편지를 쓴 존 크랠릭. 이야기의 주인공인 그는 저서 『THANK YOU 365』에서 누군가에게 쓰는 감사 편지가 우리의 삶을 180도로 바꾼다고 했다.

나는 예전에 감사할 줄 몰랐다. 남편과 이혼 직전까지 갔던 힘든 시기가 있었다. 매사에 남편의 단점만을 보고 늘 불평불만을 했다. 남편과 나는 서로 마음이 멀어지기 시작했고 잠깐 별거까지 하게 되었다. 이렇게 몸이 멀어지니 마음이 더욱더 멀어지는 것 같았다.

어느 날 서점에 가게 되어 책 한 권을 샀다. 저자 할 엘로드는 『미라클

모닝』에서 아침에 일기를 쓰면서 감사함을 기록하라고 했다.

나는 어릴 적에 그림일기를 쓴 이후로 일기를 쓰는 것을 해본 적이 없었다. 그런데 그것도 아침에 감사의 일기를 쓰라는 것이다. 일기를 아침에 쓰라고? 하지만 한번 써보자 싶었다. 남편과의 이혼 직전에서 마음이 너무 힘이 들었다. 나는 이 책에서 말한 대로 남편에 대해 좋은 점을 찾으려고 생각을 했다. 가만히 생각해보니 장점이 참 많았다.

1. 마음이 참 따뜻한 사람이다.
2. 애교가 많았다.
3. 다른 것에 우선해서 나의 입장을 세워준다.
4. 불쌍한 사람을 보면 그냥 지나치지 못한다.
5. 먼저 가정을 생각한다.

등등…. 실질적으로 적어보니 참 좋은 사람이었다. 일기로 기록을 하다 보니 하나하나 다시 생각하게 되었다. 인생을 살아가다 보니 스트레스가 너무 쌓여 각자가 감당이 안 되는 지경까지 와버린 것이다. 아침마다 남편에 대한 감사 일기를 쓰다 보니 어느 순간엔가 안쓰럽고 가족들 책임진다고 온종일 직장에 가서 일하고 스트레스를 받는다고 생각하니, 마음이 아팠다.

나도 직장 생활하며 이렇게 힘이 드는데 남편은 얼마나 더 힘이 들었겠는가 하는 생각이 들었고 남편한테 미안한 생각도 들며, 불쌍한 생각이 들어 갑자기 눈물이 왈칵 쏟아졌다.

남편이 마침 연락이 왔다. 만나자는 전화였다. 만나 화해하고 다시 한 번 잘 살아보자고 서로 위로를 하며 다시 가정을 이끌어가기 시작했다. 이렇게 작은 감사이지만 그 감사를 매일매일 하다 보니 잃을 뻔한 가정도 되찾게 되고, 지금 와서 생각을 해보니 그때 감사 일기를 참 잘 썼다 싶고, 서로 잘 참고 견뎌낸 것이 대견스러웠다. 이렇게 작은 것에도 감사하다 보니 큰 것을 얻게 되는 것 같다.

하루 10분 책읽기가 삶의 강력한 무기가 된다

3장

필요한 부분만 골라 읽는 것이 진짜 책읽기다

01

적용하지 않는다면 1만 권을 읽어도 소용 없다

독서는 체험하는 것이 가장 중요하니, 참으로 정밀히 살피고 밝게 분별하여 심신으로 체득하지 않는다면 날마다 수레 다섯 대에 실을 분량의 책을 암송한다 한들 자신과 무슨 상관이 있겠는가.

– 정조 대왕 –

당신에게 책과 독서는 무엇인가?

당신에게 책은 그저 책꽂이에 꽂아두는 전시용 물건인가? 아니면 쉴 때 베고 자는 도구인가? 라면이나 찌개를 끓여 올려놓는 냄비 받침대로 사용하는가? 혹은 시간이 조금 날 때 힐링 타임으로나 읽는 취미인가?

그렇지 않으면 성공자들의 독서 습관처럼, 평생을 두고 함께하는 습관인가?

왜 이런 질문을 하는지 그 이유가 궁금한가? 독서가 당신에게는 어떤 존재이냐에 따라 10년, 20년 후 당신의 운명이 달라지기 때문이다.

예전에 독서도 할 줄을 모르고, 책의 소중함을 모를 때는 위의 질문대로 책을 함부로 다루었다. 무엇이든 귀중함을 모르면 아무렇게나 사용할 뿐이다. 그때는 책을 읽어가기만 했다. 읽기만 하면 되는 줄 알았다.

"돼지에게 진주를 던져주지 말라"는 말이 있다. 그건 돼지가 진주의 소중함을 알지 못하기에 어차피 짓밟아버리기 때문이다. 책을 읽어가며 실천으로 옮겨야겠다고 생각한 일은 꼭 실천하고 현실에 적용할 부분은 그대로 적용해야 한다.

지난 과거에 친구와 도서관에서 책을 읽던 때를 기억해본다. 둘이서 책 읽는 경연 대회라도 하는 것처럼 오직 읽어나가는 데만 초집중을 했다.

그러니 책의 내용도 잘 기억이 안 날뿐더러 며칠만 지나면 무엇을 읽었는지도 모를 정도로 제목조차 기억에 남질 않았다. 요즈음 많은 사람이 주식이나 여러 가지 재테크에 관심을 많이 쏟고 있다. 내가 아는 한 친구는 주식에 무척 관심이 많아 책도 사서 구매해서 읽고 유튜브도 그것에 관한 내용만을 보고 있다.

하지만 한 번도 책에서 읽은 것이나, 유튜브에서 실천을 해보라는 것을 실행에 옮기는 것을 못 보았다. 왜 직접 실행해보지 않느냐고 물어보면 잘못해서 돈을 잃을까 봐 못 한다고 한다. 그러면 그런 데 관심을 가지지 말고 그냥 저축에만 신경을 쓰라고 조언을 한다. 그러면 그래도 요즘 대세가 재테크라서 알고는 있어야 한다고 대꾸한다.

"알고 있으면 뭐 하게? 실행도 하지 않을 것이면서. 그런 쪽으로 관심 가지고 책을 읽는 것은 오히려 시간 낭비일 뿐이야."라고 말을 했다. 그러니 지금까지는 내 마음이 거기까지는 도달하지 못했지만, 전혀 모르면 불안하니까 알아보는 것이라고 말을 한다.

"구슬이 서 말이라도 꿰어야 보배이다."라는 말이 있다. 아무리 좋은 것이 많아도 그것을 쓸모 있게 다듬고 정리해야 가치가 있는 법이다. 아무리 좋은 정보를 듣고 그것에 관한 좋은 책을 읽어도 적용하지 않으면 아무 소용이 없는 것이고 시간 낭비일 뿐이다.

우스갯소리로 사람들이 하는 말들이 있다. 한 사람이 하나님 앞에 열심히 기도했다. 하나님께 꼭 복권에 당첨되게 해달라고 몇 년을 간절히 기도했다. 하루는 마음 한구석에서 무언의 음성이 들려왔다. "예끼! 이놈아, 복권이라도 사면서 그렇게 기도하라."라는 음성이 들려왔단다. 이렇게 간절하게 바라면서도 행동은 하지 않는 것을 일깨워주는 것이 아니겠는가?

나는 몇 해 전에 메리츠자산운용 대표이사 존 리 대표의 유튜브를 통해 강의를 듣게 되었다. 나는 그때 직장인으로서 해마다 연말정산 때문에 아주 골치가 아팠다. 그러는 시점에 존 리 대표의 영상을 보게 되었다. 거기에서 연금 펀드에 관한 내용을 자세하게 설명을 해주고 있었다. 그리고 책이 출판되었다는 사실을 알게 되었다.

『존리의 금융 문맹 탈출』이라는 책을 보면 세액공제를 받을 수 있는 연금은 크게 개인연금(연금저축)과 퇴직금이 있다고 한다. 연금저축 제도 안에서는 연금저축보험(보험사)과 연금저축신탁(은행), 연금저축펀드(증권사)로 구분된다. 연금저축펀드를 통상 개인연금으로 부르기도 한다. 연금저축펀드의 특징 몇 가지만 잠깐 살펴보자.

1. 납부 시점부터 세액공제 혜택을 받을 수 있다.

2. 납입 기간 동안 연금저축계좌 내에서 금융자산을 사고팔 때 내야 하는 세금을 면제해준다.(과세이연 효과)

3. 일정 조건을 충족하면 연금 수령 시점에는 연금소득세로 저율로 과세한다.

4. 매년 가입금액 이내의 범위에서 자유롭게 적립이 가능하다.

5. 다양한 금융상품을 선택하고 투자 비중을 정해 직접 포트폴리오를 구성할 수 있다.

6. 다양한 자산을 큰 제한 없이 운용할 수 있고 수익률을 내기도 수월하다.

(참고: "연금저축펀드로 이전하고 세액공제 받기", 〈치과신문〉, 2021.08.19.)

이러한 내용을 알고 난 뒤 나는 바로 메리츠사에 전화를 해 설명을 듣고 비대면으로 통화를 하면서 계좌를 개설하고 개인연금에 가입했다. 지금 바로 하지 않으면 또 못 할 것 같아 바로 실행에 옮겼다. 이 연금은 가입과 동시에 세금 혜택을 볼 수 있어 나는 그해에 세액공제 혜택을 볼 수 있었으므로 세금을 환원하지 않아도 되었다. 만약 여기서 내가 실천하지 않았다면 40~50만 원에 대한 세금을 환원해야 할 지경이었다. 이것을 모르는 동료들은 적게는 몇십만 원부터 많게는 백여만 원까지 환원해야 할 처지에 처해 있었다.

세금 혜택을 보지 못한 동료들이 어떻게 해서 세금 혜택을 보았냐고 질문을 했었다. 개인연금을 설명해드렸고 다들 나도 가입을 해야겠다고 말을 했지만, 그 자리에서 바로 실천한 몇몇 사람들 외에는 아직도 가입하지 못하고 있다.

이렇듯 무엇이든 아무리 책을 많이 읽고 아무리 좋은 영상을 볼지라도 내가 그것을 실행하고 적용하지 못한다면 소용이 없는 것이다. 지금 성공한 사람들은 대부분이 독서광들이다. 그토록 큰 사업을 하면서도 일부러 새벽 시간에 자신을 깨우며 독서를 하고 독서 속에서 아이디어를 찾아낸다. 그들은 그렇게 책 속에서 찾은 지혜를 실천하고 그대로 실행에 옮기는 것이 성공의 해답이라는 것을 말해주고 있다. 지금 이 책을 읽고 있는 독자는 어느 쪽에 속해 있는가?

우리가 책을 읽으면서 어떤 것은 믿기만 하면 되는 것이 있고, 어떤 것은 실행하려고 노력해야 하는 것이 있으며, 또 어떤 것은 반드시 실천해야 하는 것이 있다. 단 한 구절의 독서를 해도 독서를 통해 얻은 깨달음을 삶에 적용해 발전해가는 인생을 살아가길 바란다.

02

권수만 늘리는 책읽기는 순간의 만족감만 줄 뿐이다

재주가 없다고 근심하지 마라. 앎으로 나아가면 재주 역시 발전하기 때문이다.
생각이 넓지 못하다고 근심하지 마라. 보고 듣는 것이 넓어지면 생각 역시 넓어지기 때문이다.

– 고반룡 –

아침에 일어나면 선선한 공기가 코를 자극하고 나를 밖으로 끌어낸다. 새벽 5시의 공기는 남다르다. 나는 저녁형 인간으로 늦게 자고 늦게 일어나는 습관이 있어 항상 아침에 일어날 때면 여간 곤욕스러운 게 아니었다. 아침에 일어나는 것은 소가 도살장에 끌려가는 기분이었다. 하지만 책을 쓴 이후로 새벽 5시면 어김없이 일어나고 있다.

성공자의 기본자세는 자기 관리이기에 또한 나는 큰 병에 걸려 병원에 누워 있을 정도는 아니나 건강이 좋지 않아 정말 고통스러운 경험을 하였기에 운동을 게을리하고 싶지 않았다. 왜냐고? 난 두 번 다시 그 고통을 겪고 싶지 않기 때문이다. 그동안 계속 이어진 늦게 일어나는 습관으로 인해, 일찍 일어나 맞게 되는 새벽 공기가 그처럼 상쾌하고 건강한 기운을 내게 불어넣어 나의 몸을 살릴 줄을 몰랐다. 이처럼 자기가 경험해 보지 못하면 아무리 주위에서 새벽 공기가 좋다고 외칠지라도 그 공기의 소중함과 상쾌함을 상상할 수 없을 것이다. 이렇게 스스로 느낀 경험으로 소중하고 좋은 것을 알아차리듯이 독서도 마찬가지다.

독서의 중요성은 알았지만 어떻게 책을 읽어야 할지도 몰랐던 시절에는 그냥 읽기만 하면 되는 줄 알고 미친 듯이 시간만 나면 책을 읽기 시작한 때도 있었다. 이렇게 읽어가기만 해도 그 당시는 정말 뿌듯한 느낌으로 세상을 다 가진 듯한 느낌이었다. '오늘은 몇 쪽 읽었어!' '우와, 이번 달에는 제법 많이 책을 읽겠는데!' 하면서 책의 내용과 작가가 의도하는 것이 무엇인지도 생각해보지 않은 채 권수만 늘리는 책읽기로 혼자 순간의 만족감에 빠져 있었다.

그러던 어느 날 고객 집에 점검하러 갔을 때의 일이다. 나는 내 나름대로 책을 좀 읽는다고 우쭐해 있었던 것 같다. 고객 집에서 대학생이 나를 기다리며 식탁에서 책을 읽고 있었다. 나는 점검하는 내내 학생을 보니 책을 참 재미있게 읽고 있다는 생각이 들었다. 그리고 그녀는 책을 읽으며 밑줄을 치고 메모를 하며 형형 색깔을 달리 형광펜으로 줄을 긋고 있었다. 그것도 모자라 책을 가장자리를 접어놓기까지 하는 것이었다.

나는 점검을 마치고 확인 사인을 받으며 물어보았다. 책을 읽을 때 원래 그렇게 읽냐고 질문을 하였더니 그렇게 하지 않으면 시간이 흐른 후 무엇을 읽었는지조차 모르고 무엇인가 찾아야 할 때 처음부터 다시 읽어야 할 상황이 오더라는 것이다.

그 이후로 책을 읽을 때는 본인 나름대로 약속을 하며 색깔별로 뜻을 정해 기억해야 할 것, 인용해야 할 것, 즐거운 부분, 감동적인 부분 때로는 실천해야 할 부분을 별도로 표시하며, 다음에 꼭 한 번 더 읽어봐야 할 부분은 스티커를 붙여놓기로 자신과 약속하였다고 한다. 학생이 얼마나 지혜로워 보이는지 감탄을 금할 수 없었다.

그러면 나는 어떻게 책을 읽고 있는가? 나의 모습을 살펴보니, 그렇게 꼼꼼하게 책을 사랑하고 책의 내용을 자기의 것으로 만들려는 그녀의 모습과는 달리, 나는 권수만 늘리는 책읽기를 한 것밖에 되질 않았다는 것을 깨닫게 되었다. 정말 책을 좋아하며 읽는 사람은 다르구나 하는 생각이 들었다.

그 이후 따라쟁이처럼 그녀에게 배운 대로 나도 책을 읽을 때 나 자신과의 약속을 정했다. 너무 복잡한 것은 싫으니까 3가지의 분류로 정해보았다.

1. 많이 중요한 부분, 감동적인 것. (빨간색)

2. 나의 삶에 익히고, 실천해야 할 사항. (노란색)

3. 다시 한번 더 읽고 싶은 부분은 스티커를 붙여놓기.

– 그리고 책을 읽으면서 명문장이나 감동적인 문장은 노트에 별도로 메모를 하고, 2번 내용을 찾기 쉽도록 찾아서 온전히 내 것으로 만들고 싶을 때는 가장자리를 살짝 접어두기. 책의 여백에는 느낀 점 적어놓기.

이런 방식으로 책을 읽기 시작하니 읽어가는 것은 더디지만 무엇인가 내용이 내 마음에 남게 되고 책을 이렇게 읽는 거구나 하는 생각에 그녀에게 고마운 마음이 들었다. 좀 느리게 읽으면 어떤가. 책을 읽는 이유와 그 책에 작가가 의도하는 것과 살아온 삶을 바라보며 간접 경험을 같이 해보고 느끼고 그 상황에서 나는 어떻게 했을까 하는 질문도 던져보며 여러 각도로 생각을 해볼 수 있어 좋았다.

이렇듯 책을 읽으며 어떤 선택을 하느냐에 따라서 삶을 변화시킬 수도 있고 그냥 나 책 읽었다 하며 권수만 늘려 자기만의 만족에 빠지는 독서에 머물 수도 있다. 권수만 늘리는 독서를 하지 않으려면 독서 방법이 여러 가지로 많겠지만 간단하고 손쉽게 실천할 방법이 위에 제시한 것들이다.

나는 그 이후 책을 읽다가 명문장이나 감동적인 문장은 노트에 다 메모를 하기도 했다. 문장을 분석하며 읽는 훈련을 통해 문법적인 부분을 비롯해 문장을 조합하는 능력도 갖출 수 있었다.

쉽게 말하면 작가처럼 멋있는 글을 쓸 수 있게 되었다는 것이다. 그냥 읽었을 때와는 달리, 전보다 깊이 있게 독서를 할 수 있다. 그뿐만 아니라 책 속에 담겨 있는 다양한 지식과 사례들을 내가 쓰는 책에 인용할 수 있어 콘텐츠가 훨씬 풍부해지게 된다. 작가나 강연가가 되는 꿈을 꾼다면 반드시 이 부분을 실천해보길 바란다.

나는 독서 방법을 제대로 알고부터 책을 읽을 때가 가장 행복하다. 또한, 독서를 통해 나의 인생에서 새로운 변화를 일으켰고, 독서를 통해 나의 단점들을 많이 보완했기에 나에게는 책이 소중하고 귀중한 존재이다.

때로는 사람들이 별 볼 일 없다고 한 책이지만 그 책의 한 페이지가 인생을 바꿀 수 있고, 무심코 읽었던 책의 한 구절이 누군가에게는 깨달음을 주기도 한다. 책 한 권으로 잃었던 희망을 찾아 새로운 삶을 살아가는 사람도 있다. 나는 생각해본다. '책의 좋고 나쁨은 읽는 사람에 따라 바뀐다.'고 말이다.

반면에 책 한 권에서 아무것도 얻지 못하는 사람도 있다. 엄청난 일이 아닌가? 같은 책을 읽는데도 이렇게 차이가 난다니 말이다. 책 자체가 사라지지는 않을 것이다. 변해야 하는 것은 독자이다. 책을 읽는 사람이 변하면, 책을 읽는 자세가 변하고, '독서법'이 변하면 당신이 읽는 책은 분명 '좋은 책'이 될 것이다. 우리는 대부분 늘 읽는 장르만 읽으려는 성향이 있다.

우리가 때로는 음식을 먹어보지도 않았으면서 선입견으로 지레짐작을 하고 싫어하는 경우가 있다. 그러나 우연히 한 번 먹게 되었는데 생각보다 맛있다는 느낌을 한 번쯤 느껴본 적도 있을 것이다. 이처럼 책도 마찬가지이다. "어! 읽어보니 생각보다 재미있네, 이해가 되네! 읽을 수 있겠다!" 하는 경우가 있을 것이다. 그만큼 책 한 권도 신중하게 골라야 하지만 거북하더라도 한번 읽으려고 시도하는 것이 중요하다.

무엇이든 경험을 해보는 것이 중요하다. 거북한 책을 읽는 것도 좋은 경험이다. 익숙한 주제나 좋아하는 책보다 의외로 그런 읽어본 적 없는 책에서 얻을 수 있는 지식이 많은 법이다.

읽어본 적 없는 책을 읽으면 뇌가 자극을 받거나 새로운 지식이 새로운 사고를 펼치게 해주어, 지금까지 읽었던 책에 대한 시각이 바뀌는 등 많은 점에서 자신에게 도움이 될 것이다.

이런 경험을 해보게 되면 책에 대한 애착도 생기고 사랑하게 되며 소중하게 대할 수 있다.

이렇게 책 읽는 방법만 살짝 바꿔도 또 다른 시각으로 책을 만날 수 있고 독서가 실천으로 이어지는 경험을 할 수도 있다.

03

지하철은 이동하는 나의 서재이다

책을 읽는 데
어찌 장소를 가릴쏘냐?

– 퇴계 이황 –

많은 사람들이 독서하기가 쉽지 않다고 말을 한다. 그것은 정해진 장소와 시간에만 독서를 해야 된다는 고정관념이 있기 때문이다. 독서는 습관만 잘 들여놓으면 언제 어디서든 가능하다.

버스나 지하철을 타보면 요즈음 사람들은 아이들이든 어른이든 상관없이 시선은 휴대폰에만 꽂혀 있다. 그렇지 않으면 잠을 자고 있는 모습을 보게 된다. 우리가 이렇게 흘려보내는 시간이 얼마나 되는지도 모른 채 아까운 시간을 물 흘려버리듯 버리고 살아간다.

나도 과거에 책에 관심이 없을 때는 버스나 지하철을 탈 때 자리에 앉으면 일부러 잠을 청하기도 했다. 졸다가 내려야 할 정거장을 지나쳐버리고 다음 정거장에 내려 시간을 더 들여서 목적지에 도달할 때도 많았다. 그 이유는 차를 타면 딱히 별로 할 일이 없기 때문이다.

대구에 지하철이 생기기 전에는 학교 등교시간이나 출근시간 때에 버스가 거의 콩나물시루와 같은 느낌이 들었다. 어쩌다 기사님이 급브레이크를 밟을 때는 휩쓸리지 않기 위해 온몸으로 애쓰지만 무용지물이다. 때로는 본의 아니게 옆 사람의 발을 밟을 때도 있다. 일도 시작하기 전에 이미 출근하는 버스 안에서 진을 다 뺄 정도이니, 이런 버스 안에서 독서를 한다는 것은 아예 생각지도 못할 일이었다.

이렇게 복잡한 삶을 살다가 대구에도 드디어 지하철이 개통되었다. 처음에는 얼마나 신기하던지 지하철 타는 시간이 즐겁고 행복했다. 그러나 얼마 지나지 않아 출퇴근 시간에는 지하철조차 콩나물시루처럼 느껴졌다. 이렇듯 대중교통 수단이 하나 더 생겼음에도 불구하고 아침 출근 시간이 복잡한 것은 똑같았다.

이 복잡한 시간을 어떻게 하면 여유롭게 사용할 수 있을까? 고민 끝에 출근 시간을 조금 앞당기기로 했다. 한 30분을 앞당겼는데 완전 딴 세상에 온 것 같았다. 자리도 넉넉했다. 이것이 일찍 일어난 자들의 특권이

자, 여유일까?

30분의 서두른 결과가 이렇게 마음의 여유와 안전감을 주리라고는 미처 생각을 못 했다. 이렇게 마음의 여유와 안정감을 느끼게 되자 이 시간에 무엇이든 할 수 있겠다는 생각이 들었다.

지하철을 타고 다니는 사람들을 잘 관찰해보면 책을 읽으며 가는 사람을 발견하기란 그리 쉽지가 않다. 어느 날 지하철을 탔는데 평소 분위기와는 조금 달랐다. 대부분 지하철에서 책을 읽거나 무엇인가에 열중하는 모습을 본 적이 없는데 그날따라 정말 귀한 모습들을 발견하게 되었다.

대학생 같아 보이는 한 사람은 열심히 책을 읽고 있다. 전공과목 같아 보였다. 또 한 사람은 리포트를 작성하는지 노트북에다 무언가 열심히 기록하고 있었다. 그 모습들을 보니 얼마나 마음이 뿌듯하던지, 참으로 아름다워 보이기까지 했다.

이렇듯 많은 사람들이 하나의 교통수단으로만 여기는 지하철이고 잠시 머물러가는 곳이지만 어떻게 사용하느냐에 따라 아주 멋진 이동하는 서재가 될 수 있는 것이다.

나는 독서를 즐기기 시작할 때 항상 책을 가지고 다녔다. 책을 가지고 다니면 무겁기도 하고 좀 번거롭기도 하지만, 언제든 시간의 여유가 있을 때 바로 책을 꺼내 읽을 수 있어 너무 좋다. 이렇게 움직이는 지하철를 나의 서재로 삼으면 이동시간이 무척 행복한 시간이 된다. 이 시간은 오직 나만을 위한 시간이며 나를 준비시키는 시간이다.

자기계발을 위해 출퇴근 시간에 하루 1시간 10분, 지하철을 기다리는 시간인 5~15분까지 이렇듯 시간을 알뜰하게 사용하고 있다. 미래를 위한 준비를 하는 시간들이 어찌 금과 같지 않을 수 있겠는가. 나도 뒤늦게 깨달은 사실이지만 이런 시간이 모여 하루가 되고, 한 달 이 된다.

어느 누구나 자기의 하루 일정을 정리해보면 황금 같은 자투리 시간이 엄청나게 발견할 수 있다. 이런 시간을 활용해 틈틈이 독서를 한다면 어떨까? 한 달에 한 권을 읽는다고 쳐도 1년이면 12권의 책을 읽을 수가 있는 것이다.

내가 알고 있는 한 청년은 아주 능력이 뛰어난 엘리트이다. 직장에서 중요한 업무를 맞았는데 어떤 작업을 까먹고 있었다고 한다. 그 프로젝트의 결재 날짜는 바로 다음날이었다. 큰일 났다. 갑자기 발등에 불이 떨어진 것이다. 이 청년은 그래도 능력이 있고 그 프로젝트에 대한 모든 방안을 머릿속으로 그리고 있었기에 프레젠테이션을 만드는 게 그리 어려운 일은 아니었다. 다만 그 결재 시간이 촉박하여 어떻게 할지 고민에 빠졌다.

그러다 좋은 방법을 생각해내었다. 바로 지하철을 이동 서재로 활용하기로 생각한 것이다. 퇴근하여 지하철을 타고 집에 가는 시간이 1시간 정도이니 복잡한 퇴근시간 때는 사무실에서 작업 준비를 하고, 복잡한 시간을 피해 지하철을 타고 집에 가는 시간 내내 프로젝트 준비를 했다. 이렇듯 지하철에서 1시간을 활용하고 나니 밤을 새우지 않아도 되었다. 또한 아침에 조금 출근을 서둘러 지하철에서 마지막 점검의 시간을 가지기도 했다. 그래서 결국 결재 시간을 지킬 수 있었다고 한다.

이렇듯 현명한 사람들은 언제 어디서든 자기가 시간과 장소를 잘 활용하고 유용하게 사용한다. 그런가 하면, 지하철 이동시간을 수면의 시간으로 이용하는 사람들이나 아무것도 할 수 없다고 생각하며 의미없는 시간으로 보내버리고 마는 사람들도 많다. 이제는 많은 사람들이 지하철을 각자의 움직이는 서재로 사용하여 알찬 독서의 시간을 가지기를 바랄 뿐이다.

간단하게 읽을 수 있는 책 한 권을 항상 준비해보자. 그리고 평소 출근 시간보다 10분 정도, 아님 만약 새벽형 인간이라면 1시간 정도 더 빨리 움직일 수 있을 것이다. 그렇게 이동하는 지하철을 각자의 서재로 아주 여유롭고, 평화로운 하루를 설계하는 데 최고의 장소로 활용해보기 바란다. 그러면 그 출근 시간이 아주 힘든 시간이 아니라 아주 행복하고 즐거운 미래를 준비하는 소중한 시간이 될 것이다.

04

포인트 독서법을 활용하자

책은 꼭 많이 읽을 필요는 없다.
중요한 것은 읽은 책의 요점을 파악하는 것이다.

– 정이 –

많은 사람뿐만 아니라, 나 역시도 늘 직장으로 인해 바쁘다. 학생들 또한 학원 다니느라 친구들과 사귈 시간도 없다고 말을 한다. 독서를 할 줄 모를 때는 늘 책을 읽을 때 처음부터 끝까지 읽어갔다. 그러니 책이 두꺼우면 먼저 마음에 언제 다 읽을 수 있을까 하는 부담부터 밀려왔다. 책 한 권 읽기 위해서는 시간을 확보해 읽어가려니 심리적으로 벌써 힘이 든다.

책에 나오는 내용과 내가 배워야 하고 익히고 실천할 것이 무엇인지 아예 생각도 못 한 채 처음부터 끝까지 읽어가려는 마음만 먹으니 언제

다 읽을까 하는 생각이 먼저 앞서곤 했다.

이렇듯 책 읽는 습관을 들이기 전에는 늘 시간이 없다고 변명만 늘어놓는다. 시간이 되는지 안 되는지 하루 일정의 점검과 정확하게 확인도 해보지 않은 채 책 읽을 시간이 없다고 하는 것이야말로 편견이고, 고정관념이다. 처음부터 끝까지 읽어야 한다는 생각 때문에 책읽기는 진도도 잘 나가지 못하게 된다.

책을 통해 조금이라도 변화를 이루고자 한다면 책을 처음부터 끝까지 읽어야 한다는 고정 관념을 버려라.

사람들 대부분이 필요한 부분만 찾아서 읽으라고 말을 전해주면 말을 듣지 않는 사람이 많다. 어릴 적부터 어른이 되기까지 몸에 익힌 독서교육법 때문이 아닐까 하는 생각이 든다. 책은 끝까지 다 읽어야 읽었다는 말을 할 수 있고, 한 부분이라도 기억나지 않으면 읽지 않은 것이라는 생각 탓이다. 기억력이 좋다 하더라도 책 한 권의 내용을 모두 다 기억하지는 못할 것이다.

모든 책이 교과서와 같지는 않아서 독서 방법은 생각보다 다양하다. 독서 목표를 정했으면 어떤 부분을 먼저 읽을 것인지? 자신에게 맞는 방법을 찾아서 그것에 맞게 읽어가면 된다. 자신만의 유일한 방법으로 독서를 하게 되면 전보다 더 효율적으로 읽을 수가 있다.

그래서 내가 필요한 부분만 골라서 읽는 것도 독서법 중의 하나가 된다. 자신이 좋아하는 관심 분야의 부분을 먼저 읽으면 흥미를 높이게 되고, 관심 없는 분야는 그대로 넘어가도 좋을 것이다.

나는 예전에 예배시간에 하버드생들의 독서법을 목사님이 잠깐 말씀해주셨다. 그때 이 책을 구매해 읽게 되었다.

세계 최고의 대학 하버드 MBA에서는 학위보다도 독서법을 더 중요하게 여긴다고 했다. 학위를 받으면 끝나는 것이지만 독서법은 졸업 후에도 스스로 공부를 할 수 있도록 만들어주기 때문이다. 물고기를 잡아주는 것보다, 물고기를 잡는 법을 알려주어 학생 개개인이 영구히 자립할 수 있도록 하겠다는 것이다.

하버드 MBA에서 말하는 독서의 목적은 눈앞의 과제를 해결하는 것이라고 말을 한다. 무조건 빨리 많이 읽어야 한다는 고정 관념에서 벗어나야 한다.

"책은 읽는 것이 아니라 써먹는 것이다."

– 하토야마 레히토, 『하버드 비즈니스 독서법』

독서량보다 중요한 것은 실천하는 것이다. 이것들을 충족한다면 책을 끝까지 읽을 필요가 없다.

"결과로 이어지지 않는 독서는 의미가 없다. 지금 이곳의 과제를 해결하지 못하면 의미가 없다는 것이다. 이렇듯 독서는 처음부터 끝까지 다 읽을 필요는 없다고 한다. 하버드 학생들도 독서를 할 때 처음부터 끝까지 읽지를 않는다."

– 하토야마 레히토, 『하버드 비즈니스 독서법』

나는 처음 독서를 할 때 한 글자도 놓치지 않으리라는 신념으로 처음부터 끝까지 읽어나갔다. 그러니 시간도 오래 걸리고 나중에는 진도도 잘 나가지 않으니 지겨워지기 시작해서 결국에는 독서를 중단하게 되는 확률이 높아졌다.

포인트 독서법을 익히게 되면 독서가 즐거워진다.

포인트 독서법이란

◎ 시간이 절약된다.

◎ 내가 궁금한 점이 빠른 시간 내에 해소된다.

◎ 포인트 독서법은 책 한 권을 들고 시간이 없다며 씨름하지 않아도 된다.

◎ 바로바로 핵심만 뽑아 나의 것으로 만들면 끝나는 것이다.

◎ 책 한 권에 한 구절만이라도 나에게 꽂히면 그 한 구절로도 책 한 권을 다 읽은 것과 같다.

왜냐하면, 책을 30권을 읽었다 해도 깨닫지 못하고 그냥 내가 책 읽었다는 것에만 치우친다면 시간 낭비일 뿐만 아니라, 진정한 독서의 의미를 모르는 것과 같기 때문이다. 몇 권을 읽었는지 집착할 필요가 없다.

아무리 빨리 읽고 많이 읽는다고 해도 정작 문제 해결이 되는 것이 아니다.

"독서는 독서량의 차이보다, 책 이용법의 차이이다."

– 하토야마 레히토

지금 당장 독자가 처해 있는 문제에 맞는 10권의 책을 고르기 바란다. 최강의 책 10권, 전문가 추천 책, 본인의 생업에 관한 책을 고르는데 30권 이상을 넘기지 말라. 끝까지 읽을 필요는 없다, 적용을 위해 필요한 부분을 반복해서 읽기 바란다.

왜 생업에 관한 책을 30권만 읽으라고 하는 것일까? 전문가들은 본인의 생업에 관한, 원하는 책으로 100권만 읽으면 반전문가가 된다고 말을 하고 있다. 하지만 양이 너무 많기에 심리적으로 마음에 벽을 느끼게 된다고 한다. 그러면 아예 독서를 시도조차 하지 않게 되기에 '30권'을 말하는 것이다.

나의 생업과 관련된 책을 포인트 독서법으로 30권 읽으면 100권 읽는 것보다 마음의 벽은 느낄 수 없고 오히려 집중할 수 있고, 해답을 찾아낼 수 있다. 어느 정도 문제 해결의 실마리를 찾을 수 있다. 30권을 읽고 그 분야에 적용하기를 실천할 수 있으면 50권에 도전할 수 있다. 이렇게 차근차근 단계별로 늘려가면 되는 것이다.

부자들은 왜 독서를 할까?

일단 경제적 자유도가 높다. 그리고 독서에는 인생의 거대한 운명의 축을 바꾸는 '힘'이 있으며 벤치마킹 모델이 중요한데 손쉽게 그들의 지혜와 지식을 접할 수 있기 때문이다.

이렇듯 부자들도 책에서 그의 답을 찾는다. 무엇을 준비하고자 아이디어가 떠올랐을 때 그 아이디어에 맞는 책을 선택해 단계별로 독서를 해

나간다면 순차적으로 어느 순간에 자신도 모르게 엄청난 발전을 해오고 있는 본인의 모습을 발견하게 될 것이다.

나는 이렇게 독자에서 작가의 꿈을 품고 지금도 원고를 쓰고 있다. 아무리 바빠도 매일 부자들의 습관처럼 독서를 하고 나의 꿈을 향해 달려 나가고 있으며, 매일매일 조금씩 성공해나가고 있다. 나는 항상 향후 성공한 나의 모습에 대해 생생하게 그림을 그리고 있다. 또한, 나의 방대한 지금의 큰 꿈은 전 세계 사람을 살리는 메신저가 되는 것이다. 매시간 그 꿈을 향해 매진하고 끊임없는 노력을 아끼지 않을 것이다. 나는 지금, 이 순간도 나의 성공한 모습을 떠올리며 너무 행복한 시간을 보내고 있다.

05

필요한 부분만 골라서 읽자

만약 내가 다른 사람들과 같은 정도로 독서를 했더라면
다른 사람들과 같은 정도밖에 몰랐을 것이다.

– 토마스 홉스 –

세상은 하루가 다르게 변화하고 있다. 변화하는 세상 속에 발맞추어 변화하지 않고는 도태되고 마는 시대에 과거의 방식대로 살아간다는 것은 참으로 어리석은 일이다. 오직 미래를 위해 오늘을 준비하는 자만이 살아남을 수 있다. 과거의 삶이 아무리 고달프고 힘들었어도 미래를 위해서는 과감하게 과거와 결별해야 한다. 과거와 결별하였을 때 새로운 나를 만날 수 있고, 새로운 세계를 펼칠 수 있다.

우리의 한 번뿐인 인생, 자투리 시간을 활용하여 독서를 하며 지금까지 숨겨두었던 끈기와 열정을 다시 한번 끄집어내어보자. 자신이 목표하는 것을 달성하기 위해 더 나은 미래로 전진하여보자. 성공한 사람들이 잘되는 이유는 결코 뛰어난 생각이나 아이디어들이 넘쳐서가 아니다. 과거에서부터 끊임없는 독서를 통해 자신의 의식을 변화시키고, 그것을 행동으로 옮겨 실천했기 때문이다.

나 또한 과거로 되돌아가지 않기 위해, 어제보다 나은 자신을 위해 자투리 시간이 날 때마다 독서를 한다. 독서를 통해 발전하는 삶을 살지 않는 사람은 도태될 것이라는 사실을 누구보다도 잘 알고 있기 때문이다. 익숙한 것에 머무르지 말고 꾸준히 자기 자신을 발전시켜가야 할 것이다.

예전에는 독서를 할 때 프롤로그부터 읽기 시작해 한 자도 빼놓지 않고 읽어갔다. 독서를 처음 시작하는 단계라 지루하기도 하고 책만 들면 지루함에 참 난감했다. 독서라고 해봐야 그냥 읽어가는 식이므로 책이 좀 두꺼운 편이다 싶으면 지레 겁을 먹곤 해 마음에 부담감이 확 찾아왔다. 아예 두꺼운 책은 읽을 생각조차도 하지 않았다.

그때는 독서가 즐겁지가 않았다. 사람이 독서를 해야 성공한다기에 나에게는 독서가 의무로 자리를 잡기 시작했다. 그러니 독서가 즐거운 일이 될 수 없고 행복할 수가 없었다. 나에게 아무도 책 읽는 방법에 대해 가르쳐주는 사람이 없었다. 독서를 할 때 마음으로 읽어가며 작가의 의도를 잘 생각하며 읽어야 하는데, 오직 머리로만 읽으려니 감동도 오질 않고 정말 흰색은 종이요, 까만 것은 글자로만 다가왔었다.

어느 날 본부교회 위성으로 예배를 드리는데 목사님이 책 읽는 방법을 얘기하셨다. "나는 책을 다 읽지 않는다. 책 한 권을 구매하면 내가 필요한 부분만을 골라서 읽고는 그다음 책으로 넘어간다."라고 말씀하셨다. 그때는 그 방법이 옳은 것인지를 몰랐는데 어느 날 하버드생들이 책을 그렇게 읽고 있다고 하는 책을 읽고 자신감을 가지고 말을 하는 것이라고 말씀하셨다. 그 이후 나도 책을 읽을 때 먼저 목차를 보며 우선 내가 필요한 부분부터 읽기 시작했다. 그렇게 시작을 하니 책에 대한 나의 궁금증도 빨리 해결이 되는 것 같아 기분이 좋았다.

아니면 처음부터 끝까지 읽으려면 시간도 오래 걸리고 기다리기가 조급해지는 경우가 있었다. 그런데 필요한 부분만 골라서 읽으니 시간도 단축되고 내가 필요한 부분을 빨리 해결을 할 수 있는 것이 가장 기쁘다. 이때부터 나는 책을 읽을 때 필요한 부분만 골라서 읽게 되고 사람들에게 이것을 알려주게 되었다.

그러니 그들도 이렇게 읽으니 자기의 관심 분야에 더 집중할 수 있고 자신이 원하는 부분에 대한 답을 빨리 얻을 수 있어서 참 좋았다고 했다. 이런 식으로 책을 읽으니 더욱더 많은 책을 접할 수 있었고 더욱더 많은 양의 지식과 지혜를 빠르게 습득할 수 있었다.

어느 날 옛 직장에서 책을 읽을 때 옆에 한 친구가 책을 읽는데 진도가 나가질 않는다고 나에게 푸념을 늘어놓았다. 책을 어떻게 읽고 있느냐고 물어보니 "책을 어떻게 읽기는 그냥 처음부터 읽지. 책 읽는 데 다른 방법 있나?"라고 되물었다. 그때 책을 처음부터 읽지 말고 목차를 확인하고 마음이 끌리는 부분부터 읽든지 궁금한 사항이 있으면 그 부분부터 찾아 읽어보라고 권해주었다. 그러면 좀 덜 지루하고 책을 읽는 진도도 생각지 않게 될 것이라고 말해주었다.

그는 내가 알려준 그 방법대로 실천해본 후 훨씬 독서에 흥미를 보이게 되었고, 책 읽는 것에 부담도 덜 느끼고 궁금한 것이 빨리 해결되고, 책 한 권 읽는 시간이 단축되니 시간도 절약되어서 더욱 좋다는 말을 했다.

과거에는 굉장히 부정적인 사고를 지니고 살아왔다. 그것이 겸손이고 미덕인 줄 알았다. 하나님 말씀에도 불신앙하지 말고 믿으라고 했는데 입으로는 믿는다고 하면서 늘 나의 마음과 생각은 불신앙, 부정적인 생각으로 똘똘 뭉쳐 있었다. 하지만 독서를 통해 그것이 겸손의 미덕이 아닌 부정적인 생각이었던 것을 알게 되었다. 그동안 그 부정적인 것을 늘 끌어당기며 살아왔기에 얼마나 고달픈 인생을 살아왔는지 모른다.

나는 책을 읽을 때 내가 먼저 실천해야 할 부분부터 읽기 시작한다. 독서를 통해 나의 의식 성장을 일으키고 그동안 부정적으로 꽉 차 있던 나의 뇌를 긍정적으로 바꾸어가며 나의 '말'부터 바꾸기 시작했다. 분명 하나님의 관점에서 볼 때도 하나님의 자녀가 성공해서 하나님의 일을 하며 행복하게 살아가길 바랄 것이다. 그런데 나는 늘 나의 잘못된 생각과 말에 이끌려 부정적인 삶을 살아오고 있던 것이다.

이제 나는 독서로 내가 실천할 수 있는 것을 바로바로 행동으로 옮긴다. 메모하고, 따라 하며, 끊임없이 연습하고 또 연습한다. 습관으로 입에 배어 있는 나의 말은 하루아침에 바뀌지 않았다. 부정적인 말 '안 돼, 못 해, 할 수 없어, 아니 돈이 없어' 등을 입에 달고, 모든 면에서 나 스스로 자신에게 한계를 긋고 부정적으로 살아왔다는 것을 깨닫고 언어와 행동 모두를 바꾸기 위해 나 혼자 있을 때 끊임없이 연습을 해왔다, '나는 할 수 있어.' 빌립보서 4장 13절 "내게 능력 주시는 자 안에서 내가 모든 것을 할 수 있느니라." 이 말씀을 시도 때도 없이 묵상하며 나의 말에 생각을 긍정적으로 바꾸기 위해 아침, 저녁으로 반복 연습을 했다.

그리고 내가 늘 부족하다는 부정적인 생각이 밀려올 때는 시편 23편 1절 말씀에 "여호와는 나의 목자이시니 내게 부족함이 없으리로다." 이 말씀을 묵상하며 되뇌고 또 되뇌었다.

그리고 의식 성장의 독서를 많이 해서 나의 말과 행동은 능동적으로 바뀌었고, 〈한국석세스라이프스쿨〉 권동희 대표님의 의식 성장 대학에서 수업을 받으며 나의 의식의 그릇이 많이 넓혀졌다. 권동희 대표님께 이 자리에서 감사의 인사를 드린다.

그토록 부정적인 말만 쏟아내던 내가 이제는 긍정적인 말로 가득하다. 은연중에 부정적인 말이 튀어나오려고 할 때는 입을 닫아버리고 오히려 마음속으로 '감사합니다.'를 외친다. 나는 독서를 통해 얻은 깨달음을 실천함으로써 예전의 나의 모습과 말은 거의 찾아볼 수 없을 정도로 엄청나게 변화했다.

나는 이렇게 골라서 읽는 독서법이 너무나 좋다. 책을 처음부터 끝까지 읽는다고 시간 낭비를 하지 않고 그 시간에 바로 실천으로 옮길 수 있으니 말이다.

머릿속에만 들어 있고 아직 체화하지 못한 지식은 '죽은 지식'이라 생각한다. 결국, 모든 지식은 실제로 활용이 되어야 비로소 진정한 의미를 지니기 때문이다.

나는 독서를 통해 매일매일 하루가 축복의 하루가 되는 경험을 하였다. 그리고 감사함으로 하루를 마무리하는 시간을 갖는다. 지금 이 책을 읽고 있는 독자분도 독서를 하며 실천하고, 자신에게 필요한 부분만 골라서 읽으며 시간을 절약해 윤택한 삶을 누리시길 바란다.

06

책의 지식과 노하우를 나의 방식으로 활용하자

닫혀 있기만 한 책은
블록일 뿐이다.

– 토마스 풀러 –

사람들이 책을 읽는 목적이 무엇일까? 내가 아까운 시간을 들여 책을 읽는 이유는 그 시간을 통해 나의 인생에 도움이 되는 지식을 얻고 좀 더 나은 인생을 살기 위해서이다.

목적에 충실하지 않은 독서란 그저 시간 낭비일 뿐이다. 내가 책을 읽지 않았을 때는 나의 모든 생각과 보는 안목은 '박스(box)' 안에 갇힌 것들에 불과했다.

책을 읽음으로써 책을 읽을 때 메모하기, 깨달은 점을 기록하기, 필요한 부분은 밑줄을 치기, 다음에 다시 읽어볼 때 한눈에 들어올 수 있도록 표시를 해두기, 책장을 접어놓기, 포인트 독서법, 책의 내용을 배우거나 나의 것으로 활용하기 등등을 해야 한다는 것을 알았다.

나는 평소에 나의 자세가 굉장히 바르지 않다는 것을 알고 있었다. 늘 걷는 자세도 곧지 못하고 앉을 때도 굽은 자세라 아름답지 못한 모습이다. 아무리 자세를 교정하려고 해도 조금 있으면 그냥 나 자신도 모르게 원상태로 돌아가버린다. 이 자세가 어릴 적부터 시작되어 50 평생을 살아왔다. 이 자세만 좀 고칠 수 있으면 소원이 없겠다 할 정도로 등이 많이 굽어 있었다.

몸이 앞으로 기울어 있어서인지 벽에 온몸을 기대어보면 뒤로 젖혀지는 느낌이 든다. 이렇게 자세 교정이 시급한 상태에 있는 나의 모습을 책으로 교정해나갔다.

미즈키 아키코는 『퍼스트 클래스 승객은 펜을 빌리지 않는다』에서 성공자들은 자세가 다르다고 말한다. 여행을 가거나 할 때 비행기에 탑승하다 보면 승무원들의 자세는 똑바르게 균형이 잡혀 있으며, 건강미가 넘치고, 심지어 아름답기까지 하다. 승무원들은 자세를 오랜 시간에 걸쳐 철저하게 배운다고 한다. 수천 번 이상 반복하면서 자세를 익힌다고 한다.

1. 얼굴을 정면을 보고, 턱은 올리지도 내리지도 않는다(정수리를 실로 잡아당기는 느낌이 들어야 한다.)

2. 양쪽 어깨에서 힘을 뺀다.

3. 배를 집어넣는다.

4. 엉덩이에 힘을 준다.

5. 등을 쭉 편다.

6. 견갑골(날개뼈)이 서로 가까워지도록 잡아당긴다.

7. 단전에 힘을 준다.

8. 무릎을 펴고, 양발을 붙이고, 발끝은 약간 벌린다.

9. 체중은 좌우 균등하게 엄지발가락 뿌리 쪽에 싣는다.

10. 옆 선(귀–어깨–허리–복사뼈)이 일직선상에 오도록 한다.

나는 승무원의 자세 교정법을 보고 나도 따라 하기 시작했으며 위의 10가지 훈련법으로 무던히도 노력했다. 그러나 처음에는 쉽사리 잘 되질 않았다. 하나를 하면 하나가 안 되고 몸은 마음과 달리 따로 놀고 있었다. 그렇지만 끊임없이 노력하니 어느 정도 등을 펴면 좀 쉬워지는 느낌이 들었다.

이 운동을 시작한 후로, 걸어갈 때도 일부러 의식하면서 걸을 때는 허리와 등이 쭉 펴지는데 잠깐 딴생각을 하면 바로 원상태로 돌아가버리곤 했다.

그런데, 열심히 반복 운동을 하니 나의 자세는 조금씩 바른 자세로 교정이 되어가고 있었다. 이렇듯 책을 읽고 나의 좋지 못한 모습을 인식하고 바로 책에서 알려준 것을 나의 생활 방식에 활용했다. 그러니 새로운 삶을 살아가는 느낌이 들었다.

나는 한동안 건강이 좋지 않았다. 갱년기로 인해 살도 자꾸만 찌게 되고 거의 10kg이나 몸무게가 늘어났다. 그러니 몸도 무거워지고 지방은 자꾸 쌓여 조금만 걸어도 숨이 차고, 모든 관절은 통증으로 인해 앉았다 일어나면 비명이 저절로 나오는 것이었다. 더위도 잘 타는 체질이 아닌데 입에 덥다는 말을 달고 살았다. 밤에 숙면하지 못하고, 눈만 감고 있다 밤을 새우는 일이 허다했다.

밥을 먹을 때면 입에서는 밥이 달다 못해 설탕처럼 짝짝 붙을 만큼 입맛이 좋아지고 배는 터져나갈 지경임에도 식탐은 조절이 되질 않았다. 이렇게 사는 것은 사는 게 아니라는 생각이 들었다. 너무 힘이 들어 갱년기 호르몬제를 좀 먹어보려고 산부인과를 찾았다. 호르몬제를 먹기 위해서는 유방암, 자궁암, 갑상선 호르몬 검사를 진행해야 한다기에 모든 검사를 진행했다.

초음파를 통하여 검사한 결과, 양쪽 유방과 갑상선, 자궁에서 혹이 발견디는 상황이라 당장은 호르몬제를 복용할 수 없다는 진단이 나왔다. 6개월마다 건강검진을 통해 혹이 자라는지, 안 자라는지, 양성인지 악성인지 확인도 해야 하는 상황이라 몹시 힘이 들었다.

관절이 아파 병원에 가면 이렇다 할 병명도 나오지 않았다. 병원에서는 진통제나 처방해주는 것이 고작이었다. 무슨 일을 하든 힘을 쓸 수가 없었고, 행동반경도 좁아지면서 행동의 속도도 자꾸 느려지는 것을 느꼈다. 우리 집은 엘리베이터가 없는 다세대 주택이다. 늘 4층까지 계단을 이용해야 한다. 집에 올라갈 때마다 계단이 천국의 계단이 아니라, 지옥의 계단이었다.

계단 한 칸 한 칸 올라갈 때마다. 다리를 올릴 수가 없었고 계단 난간을 잡지 않으면 한 계단도 오르지 못했다. 완전 60~70대 할머니들이 계단 오를 때의 모습이었다. 갑자기 내 머릿속에 책 한 권이 떠올랐다. 유영만, 김예림의 『부자의 1원칙, 몸에 투자하라』라는 책을 보면 '근육은 어떻게 멘탈이 되는가?'라는 질문이 있다.

나는 갱년기 증상 때문도 있지만 이건 운동 부족 때문이라는 생각이 들었다. 그래서 그 책을 다시 읽기 시작했다.

나는 그동안 직장만 다녔지 운동이라고는 숨쉬기 운동밖에는 몰랐다.

운동을 왜 해야 하는지도 몰랐고 주위 사람들이 워낙 운동을 많이 해 나도 한번 해볼까 싶어 시작하면 작심삼일로 끝나버린다. 그때는 딱히 몸도 불편한 곳이 없었기에 답답한 구석이 없었고 그냥 그대로 살면 별일 없을 줄 알았다. 그런데 몸이 아파보니 새삼 운동의 소중함을 깨닫게 되었다. 그러나 운동이라는 게 습관이 길들어 있지 않으니, 집에서 나가는 자체가 여간 힘든 일이 아니었다.

"운동 습관을 만들기 어려운 이유는 운동의 목표를 내 몸에 두지 않고, 완성된 결과, 즉 날씬하고 탄탄해진 몸, 고강도를 쉽게 해내는 근력, 오랜 거리를 쉽게 달리게 하는 심폐 지구력 등에 두기 때문이다. 우리가 목표를 정하는 패턴만 문제라고 말하고 싶은 것이 아니라 일반적으로 운동을 시작할 때 퍼스널 트레이닝이든 달리기든, 필라테스든, 요가까지 대부분의 운동 프로그램이 목표 지향적이기 때문이다. 목표 지향적인 과제는 완성 단계에 다다르기까지 과정을 '견뎌야 하는' 방식으로 받아들여지기 때문이다. 지금 당장 운동을 괴로움으로 해석하게 된다. 매일매일 꾸준히 운동하는 시간이 누적되다 보면, 목표는 생각보다 쉽게 이룰 수 있다."

– 유영만, 김예림, 『부자의 1원칙, 몸에 투자하라』

지금 나는 내 코가 석 자인 상태다. 어딜 가든 자신감도 없고, 앞으로 나서기보다는 뒤로 숨기 바빴다. 어떻게든 내 몸을 건강하게 만들어야 한다는 생각에 이 책에서 권하는 운동을 꾸준히 실천하기로 했다. 나 혼자서 하면 또 작심삼일이 될까 봐 필라테스를 신청하고 바로 실천에 돌입했다. 일주일에 3회 그룹으로 신청을 하려니 출근 시간이며 여러 가지 문제로 시간이 맞질 않았다. 개인 트레이닝을 받는 것으로 수강을 신청하고 일주일에 3회를 3개월 정도 다녔다.

몸에 균형도 맞지 않고 몸 상태가 매우 안 좋은 상태이므로 가장 기초 중에 기초 운동을 해도 진도를 나갈 수 없었다. 하지만 꾸준히 한 결과 나의 몸에 나타나는 변화를 내가 먼저 느낄 수 있었다. 어느 순간 계단을 한 번도 난간을 붙잡지 않고는 올라갈 수 없었던 나의 모습은 온데간데없이 사라지고 나의 걸음에 힘이 들어가 아주 씩씩한 걸음으로 바뀌었고 계단을 두 개씩 한꺼번에 올라가는 모습을 발견하게 되었다.

그때 당시 항상 인바디 체크를 하면 기초 대사량이 1200에서 1250으로 왔다 갔다 했었다. 그런데, 운동을 통해 속 근육이 만들어지면서 기초 대사량 1300 가까이 높아지고, 지방이 조금씩 빠지기 시작했고 나의 몸에 라인이라는 것이 생기기 시작했다. 물론 식단도 조절했다.

기분이 얼마나 좋은지 이래서 다들 운동을 하는구나 싶었다. 그리고 나 자신에게 자신감이 생기기 시작을 했고, 어딜 가든 자신감이 차고 넘쳤다. 책에서 말하는 근육은 멘탈을 담는 그릇이 된다는 말이 하나도 틀림이 없다는 생각이 바로 떠올랐다. 이렇게 근육은 여간해서는 흔들리지 않는 삶의 멘탈이 된 것이다. 이렇게 독서를 통해 지식과 노하우를 활용해 실천함으로써 나의 건강도 되찾게 되고 삶에 활력소를 불러일으키는 원동력을 얻게 되었다.

07

책에 자신의 생각과 깨달음을 메모하며 읽자

무얼 쓰든 종이에 글을 쓴다는 것은
한 푼도 들지 않는 치유의 시간이다.

– 다이애나 라브 –

시대가 급변하는 시기에 많은 것이 순식간에 지나가버리면 우리는 어떤 것을 놓쳐버린 건지도 모를 때가 있다.

나는 지난 과거에 지독히도 메모하는 습관이 없었다. 강의를 들을 때도 그냥 우두커니 앉아 있다가 끝나고 나면 무슨 말을 들었는지조차도 모를 정도로 기록이나 메모를 하지 않았다.

그러니 실수도 자주 일어나고 발표를 할 때도 다 잊어버리니 발표도 할 수 없을 지경에 이르렀다. 매사에 기록과 메모가 습관이 들어 있지 아니하니 갑자기 기록해보겠다고 하면 어떤 때에는 메모지가 없거나, 어떤 때는 펜이 없어 기록도 할 수 없었다. 이렇듯 메모하는 습관이 없고 모든 게 준비되어 있지 않으니 모처럼 기록을 한번 해보려 해도 부족한 게 너무 많아 이것 찾고 저것 찾다 보면 생각의 잉크는 벌써 날아가고 없는 때가 허다했다.

팀 페리스는 『타이탄의 도구들』이라는 저서에서 모든 것을 기록하라고 한다.

마이크 버비글리아(Mike Birbigtia)는 카메라 앞에서나 밖에서나, 세상에서 가장 바쁜 사람이다. 연극과 영화, 스토리텔링, 스탠드업 코미디가 합쳐진 그의 소울 투어 공연은 전 세계에서 매진을 기록했다. 최근에는 제작, 감독, 각본, 주연을 맡은 영화 〈돈 띵크 트와이스(Don't Think Twice)〉로 평단과 관객의 찬사를 얻은 바 있다.

마이크는 상대를 움직이게 하는 힘을 갖고 있다. 더 놀라운 건 자기 자신을 자신의 의지대로 움직이게 하는 데도 일가견이 있다는 것이다.

그는 독특한 습관이 있었다.

"언젠가 천천히 나를 돌아보니, 자꾸만 미루는 버릇이 있었다. 사람들과의 약속을 미루는 법은 없었다. 그런데 운동을 하겠다거나 글을 규칙적으로 쓰겠다는 등 나 자신과 한 약속은 언젠가 뒷전으로 밀려나고 밀려나다가 나중엔 흐지부지되고 있었다. 문득 '나 자신도 내가 못 움직이는데, 다른 사람을 내 뜻대로 움직여보겠다고? 너무 한심하군!' 하는 생각이 들었다. 그래서 그날 밤부터 나는 '마이크! 내일 아침 7시에 페들러 카페에서 너하고 약속이 있어!'라고 적은 쪽지를 침대 옆에 두고 잤다. 바보 같고 창피한 얘기처럼 들리겠지만, 효과가 컸다."

– 팀 페리스, 『타이탄의 도구들』

내가 이 책에서 마이크 버비글리아를 소개하는 가장 큰 이유가 있다. 다른 사람과의 약속처럼 자기 자신과의 약속 또한 명확하게 '시각화'해서 상기시키면 실행력이 매우 높아진다. 손으로 직접 쓴 쪽지를 자신에게 주어라. 이 작은 노력 하나로 마이크 버비글리아는 배우들 사이에서 가장 자기 관리를 잘하는 사람으로 평가받았다. 페들러 카페에서 만나기로 한 자신과의 약속을 잘 지킨 그는 배우들 사이에서 가장 대본을 잘 쓰는 작가라는 명성도 얻었다.

시간은 빠르게 사라지고 모든 일은 구름처럼 흘러가 사라진다. 그 순간들 속에 우리가 얻어야 할 인생의 영감과 힌트, 단서들이 담겨 있고 이것들을 놓치지 않는 유일한 '방법'이 기록이다. 모든 걸 기록하라. 기록의 힘은 우리가 상상하는 것보다 더 강력하다. 그리고 무엇보다 어렵지가 않다. 가장 들이기 좋은 습관이다.

얼마 전 신광호, 이호종의 『칭기즈칸 리더십』이라는 책을 읽고 메모해 놓은 것을 발견했다.

"희망이 있는 자는 불가능하다고 하는 것을 이루어낸다."

⇨ 나는 희망이 있다. 모세는 80세에 하나님의 부름을 받았다. 나는 30년이라는 세월이 앞당겨졌다. 나는 나의 꿈을 이룬다.

나는 희망을 지니고 있기에 불가능하다고 하는 것(작가)을 이루어냈다. 나의 지인들이나 가족들은 작가는 아무나 되냐고 한다. 그것은 어느 정도 타고난 재능이 있어야 한다고 말이다.

그러나 난 해냈다. 모든 사람이 불가능하다고 말을 했지만 나는 그 불가능을 이루었다. 한 줄의 글귀에 이렇게 내가 했던 생각을 기록해놓으니 훗날 다시 책을 읽을 때도 '아~ 이때 내가 이런 생각을 했었구나.' 하며 그때 그 감정을 다시 느낄 수 있었다.

'그대는 무엇을 가지고 먼 길을 가려 하는가.'

⇨ 나는 하나님의 말씀, 복음 가지고 성공하여 세계 복음화를 위해 발 벗고 나서는 선교사들을 돕는 자가 되기를….

사도행전 1장 1절 : 데오빌로여 내가 먼저 쓴 글에는 무릇 예수께서 행하시며 '가르치시기'를 시작하심부터

3절 : 그가 고난받으신 후에 또한 그들에게 확실한 많은 증거로 친히 살아계심을 나타내사 '사십 일 동안' 그들에게 보이시며 '하나님 나라'의 일을 말씀하시니라,

8절 : '오직 성령'이 임하시면 너희가 '권능'을 받고 예루살렘과 온 유대와 사마리아와 땅끝까지 이르러 내 '증인'이 되리라 하시니라.

14절 : 여자들과 예수의 어머니 마리아와 예수의 아우들과 더불어 마음을 같이하여 '오로지 기도에 힘쓰더라'

로마서 16장 2절 ~ 3절 : 너희는 주 안에서 성도들의 합당한 예절로 그를 영접하고 무엇이든지 그에게 소용되는 바를 도와줄지니 이는 그가 여러 사람과 나의 '보호자'가 되었음이라.

3절 : 너희는 그리스도 예수 안에서 나의 '동역자'들인 브리스가와 아굴라에게 문안하라.

⇨ 말씀을 붙잡고 먼길을 가려 합니다.

빌립보서 4장 13절 : 내게 능력 주시는 자 안에서 내가 모든 것을 할 수 있느니라.

시편 23장 1절 : 여호와는 나의 목자이시니 내게 부족함이 없으리로다.

⇨ 나는 할 수 없지만 내게 능력 주시는 자 안에서 내가 모든 것을 할 수 있고, 나는 부족하지만 여호와가 나의 목자이시기 때문에 나는 부족함 없이 모든 것을 할 수 있다.

이런 믿음의 고백을 하고 있었구나 하며 새삼 믿음을 다시 되짚어본다.

미즈키 아키코의 『퍼스트클래스 승객은 펜을 빌리지 않는다』를 인상 깊게 읽었다.

진정한 부자는 허세를 부리는 데 돈을 쓰지 않는다. 그러나 자산 가치가 올라갈 거라고 예상한다면 투자를 아끼지 않는다. 또한, 언뜻 보기에는 쓸모없이 보일지라도 사업 수완에 따라 투자한 금액 이상의 성과를 얻을 수 있을 거라고 예상한다면 그것은 낭비가 아니라고 생각한다.

나는 평소에 사업을 하게 되면 변호사와 같은 사람들을 어떻게 고용하는지가 늘 궁금했다.

그 궁금증의 답을 찾았다. 미국인 경영자가 미즈키 아키코와 나누었다는 대화 내용이다.

"나는 변호사를 두 명이나 고용해요. 한 사람은 비싼 변호사, 또 한 사람은 싼 변호사로. 쉽게 처리할 수 있는 간단한 안건은 저렴한 변호사에게, 전문적인 상담은 비싼 변호사에게 나눠서 맡기고 있죠. 저렴한 변호사에게 중요한 안건을 상담하면 '다음에 오실 때까지 조사해서 알려드리겠습니다.'라고 하거든요. 그러면 그가 공부하는 시간에 대해서 내가 돈을 지불해야 하는 처지가 되어버리죠. 반면 비싼 변호사를 만날 때는 내 쪽으로 오라고 하지 않고 내가 그쪽 사무실로 찾아가요."

변호사를 두 사람이나 고용하다니 얼핏 보면 낭비처럼 보이지만, 거기에는 확고한 이유가 있다. 그 결과 합리적인 투자가 된 셈이다. 이렇게 부자들은 투자도 합리적인 투자를 하는 것이다.

다음은 이 구절을 읽은 후 내가 한 메모의 내용이다.

"이런 사소한 일이라고 넘어가버리면 사소한 일이 되지만 나에게는 이 대목이 답이 되었다. 내가 사업을 하게 될 때 여기서 말한 것처럼 변호사

두 명을 고용하기로 했다. 그래서 비싼 변호사와 싼 변호사를 분별해 잘 활용할 수 있도록 해야겠다. 독서로 이 사실을 알게 되어 기쁘다.

비싼 변호사는 그가 운전해와서 차를 주차하며 엘리베이터 타고 올라오는 시간까지 전부 요금에 부과시키는 줄은 정말 몰랐다. 엘리트들은 짧더라도 자신의 시간에는 가치를 매긴다는 것을 잊지 않는다는 것을 알게 되었다. 즉, 자기의 시간을 금으로 여긴다는 것이다.

이렇듯 메모의 힘이 이토록 중요하다. 지나쳐 버리면 까맣게 잊어버릴 것을 기록해놓으니 더욱 나의 훗날의 계획이 정리가 잘 되는 것 같다."

하루 10분 책읽기가 삶의 강력한 무기가 된다

4 장

독서의 효과 10배로 높이는 독서 습관

01

꾸준한 독서의 습관 들이기

모든 위대한 일은
작은 시작에서 출발한다.

– 피터 센게 –

많은 사람이 새해가 되면 더 나은 미래를 만들기 위해 새로운 계획을 세우곤 한다.

더 좋은 회사를 들어가기 위해 또한 공부 계획도 세우고, 또한 많은 여성은 날씬한 몸매를 위해 다이어트 계획을 짠다. 나 역시 마찬가지로 새해만 되면 다이어트 계획을 세우고 처음 계획대로 열심히 목표를 향해 달려간다. 하지만 며칠이 지나지 않아 새해에 계획을 세울 때의 각오와 결단은 어디로 갔는지 조금씩 사라지고 결국에는 작심삼일로 끝을 내곤 한다.

또한 새해가 되면 나는 건강하기 위한 운동 계획을 세우게 된다. 누가 하라는 것도 아닌데 열심히 계획을 세워 혼자 두 주먹을 불끈 쥐고 결의 결심까지 그럴듯하게 외친다.

혼자 걷기 운동 1시간 하기, 헬스 등록해 속 근육 만들기 이렇게 계획은 거창하게 세운다. 하지만 한 일주일은 열심히 다닌다. 그러나 2주째부터는 슬슬 한 번 빠지고 두 번 빠지면 이제 창피해서, 바빠서, 시간이 없어서 핑계 아닌 핑계를 대며 슬그머니 빠지기 시작한다.

직장에 다닐 때 다음 해에 이직을 한번 준비해볼까 싶어 알아보다 내가 가고자 하는 직장이 성별 상관없이 체력시험을 친다는 것을 알게 되었다. 대표적으로 윗몸 일으키기, 팔굽혀펴기, 악력, 앉아서 앞으로 상체 굽히기, 이런 종목으로 체력시험을 친다고 하니 걱정이 앞섰다. 근육이라고는 기본밖에 없고 이 중에 어느 하나도 제대로 할 수 있는 게 없었다. 근육은 하루아침에 생성되는 게 아니라 미리 준비한다고 생각하며 운동 센터에 등록했다.

그런데 마음이 급한 나머지 너무 무리하게 한 것 같은 느낌이 들었다. 악력을 높이기 위해 책 3권을 한 손으로 세로로 들고 1분 버티기 이것을 여러 번 반복하며 며칠을 피티를 받았다. 며칠이 안 되어 온종일 팔에서 통증이 심해지고 팔을 들어 올릴 수가 없었다. 병원에 가 진료를 받고 나니 인대가 늘어났다는 것이었다.

근육이란 하루아침에 생성되는 것이 아니기에 꾸준히 매일매일 조금씩 근육을 늘려가야 하는데 빠르게 성과를 올리려고 하니 인대에 손상이 가버리고 말았다. 이렇게 된 이상 운동도 하지 못하고 병원으로 치료를 받으러 다녀야 했으니 아무리 좋은 운동도 과하면 부족한 것만 못하다는 말이 생각났다. 이렇게 다치게 되어 또한 이직도 포기해야 했다.

위의 이야기처럼 다치지는 않더라도 대부분 6개월에서 1년 정도 헬스를 등록하고는 가는 날보다는 안 가는 날이 더 많아지면서 중도에 포기하는 경험을 누구나 한 번쯤은 겪었을 것이다. 계획한 대로 실천에 옮기고 싶지만, 이상하게도 몸과 마음이 따라주질 않는다. 며칠이 지나 계획대로 행동하지 않은 자신을 바라보며 자책하고 후회하게 된다.

이렇듯 독서도 마찬가지다. 새해에는 독서를 좀 많이 해야지 하며 계획을 세워보곤 하지만 그 계획은 작심삼일로 끝이 나곤 한다. 나도 책을 잘 읽지 않을 때는 습관이 되어 있지 않아서 늘 책 읽는 시간이 없다고 생각을 했다. 그래서 다른 방법을 찾아보기로 했다.

항상 독서의 습관 들이기 5가지 방법을 생각해보았다. 책을 읽든지, 안 읽든지 상관하지 말라.

1. 책이 나의 눈에서 떠나지 않게 해보자.

2. 커피 타임 가질 때 책을 들고 앉아보자.

3. 외출할 때도 항상 책 한 권은 소지하자.

4. 항상 내 주위에 책이 널려 있게 해보자.

5. 나의 손에서 책이 멀어지지 않게 해보자.

이렇게 위의 방법대로 실천을 해보았을 때 책이 책장에 꽂혀 있을 때와 책이 나의 주위에 손만 뻗으면 닿을 수 있는 곳에 있을 때와 비교를 해보면 전자보다 후자가 훨씬 더 많이 책을 읽게 되고 독서 습관을 길들이기에 좋은 방법인 것 같았다.

많은 사람이 건강을 위해 건강식품을 챙겨 먹으려 하고 있다. 나 역시도 마찬가지다. 하지만 늘 깜빡깜빡 건망증으로 인해 잊어버리고 빼먹을 때가 많다.

어떻게 하면 잊어버리지 않을까 생각을 해낸 것이, 눈에 보이는 데 올려놓자는 것이었다. 그리고 내가 어디에 자주 다니는가를 동선을 파악하고 보니 수시로 물을 마시러 정수기 앞에 가는 것을 발견했다.

그때 건강식품을 정수기 위에 두고 먹어보자고 생각하며 바로 건강식품을 정수기 위로 위치를 바꾸었다. 그 후 나는 물 마시러 갔다가 건강식품을 보고 '아, 참 이거 먹어야지.' 하며, 빼먹지 않고 꼬박꼬박 챙겨 먹게 되었다. 이렇듯 무엇인가 꾸준하게 해야 할 행동이 있다면 항상 나와 가까운 곳에 있게 하면 그 행동을 꾸준하게 습관으로 바꿀 수 있다는 것을 알게 되었다.

책도 마찬가지이다. 책을 항상 정리 정돈한다고 책장에만 꽂아두니 손이 잘 안 가게 되고 또 책을 책장에서 빼놓으면 나중에 정리하려면 귀찮을 것 같고 여러 가지로 핑계가 많아져 책을 읽지 않게 된다. 이런저런 생각을 하면 아무것도 하지 못한다. 오직 한 가지만 생각하자. 나는 독서를 한다, 독서를 해야만 한다고 생각하자. 그러면 생각이 바뀌면서 행동으로 옮기기가 쉬워질 것이다.

나는 이런 방법으로 책읽기를 습관으로 바꾸게 되었다. 한 번은 친구와 약속을 하고 차가 밀리는 시간이라 조금 일찍 출발했었다. 그날따라 자동차도 밀리지 않고 도로가 너무 한산한 것 같은 느낌을 받았다. 조금 일찍 출발한 것이 불과 10분 차이인데 도로 상황이 이렇게 차이가 나는 것을 처음 느꼈다. '우와! 오늘은 차도 별로 없고 신호도 잘 뚫리고 기분이 너무 좋은데!' 하며 갔더니 약속했던 시간보다 훨씬 일찍 도착하게 되었다.

시간도 여유가 많고 아까운 시간 그냥 흘려보내려니 안 되겠다 싶어 책을 좀 읽자 하고 가방을 열었더니 마침 내가 읽기 시작한 책이 들어 있었다. 그 친구를 기다리는 동안 책 한 권을 완독할 수 있었다. 그 친구는 조금 늦게 도착하였지만 하나도 화가 나질 않았다. 왜? 나는 책을 읽고 있었기 때문에 시간 가는 줄을 몰랐고 난 그 시간을 독서로 알차게 보냈기 때문이다.

만약 책이 없다 하더라도 서점이 가까이에 있으면 책을 한 권 사서 읽는 것도 괜찮은 방법이다. 지난번에는 책 한 권 더 산다는 생각을 미처 하지 못하고 휴대폰만 들여다보다 시간을 허비한 적이 있었다. 그때 약속 장소에 간이 서점이 있었는데도 불구하고 내가 책을 가지고 오지 않았다는 이유로 그 아까운 시간을 낭비해버리고 집에 도착해서 '바보같이 책 한 권 더 사면 될 것을 왜 그 생각을 못 했을까?' 하며 후회한 적이 있었다.

아까운 시간을 낭비하지 않을 수 있고 이런 자투리 시간에 오히려 자기의 생각 재료를 많이 쌓을 수 있다.

하루에 매일매일 습관을 들이기 위해서는 반쪽씩이라도, 아니면 한 장, 그것도 어려우면 단 몇 줄이라도 읽는 습관을 들이는 게 중요하다.

독서는 습관만 가지게 되면 책읽기는 아주 쉬운 일이 되고 책이 친구가 되어 독서의 시간이 아주 즐겁고 행복한 시간이 될 것이다.

02

자투리 시간을 최대한 활용하자

나는 뜻밖에 얻어지는 1분의 시간을 헛되이 보내지 않도록, 언제나 작은 책을 주머니에 넣고 다니는 것을 잊지 않는다.

– 윌리엄 이워트 글래드스턴 –

과거에 홈 패션 자영업을 할 때의 일이다. 사업장은 가게와 방이 하나로 연결된 구조의 집이었다. 아침에 9시 30분 정도 되면 가게 문을 열고 밤 10시가 되면 가게 문을 닫았다. 이런 시기에 나는 시간 관리를 제대로 잘하지 못했다. 물론 가게를 연 상태에서 집이 같이 연결되어 있어, 가족들의 식사 준비며 아이들 학교에 보내는 정도의 가사 일을 할 수 있는 구조였다.

저녁형 인간이라 가게 문을 닫고도 여러 가지 집안일을 하며 늦게 잠이 들곤 했다. 그리고 저녁 늦게는 가게 주변 상인들이랑 또 회식도 하고 노래방도 가고 여러 가지로 분주한 생활을 하고 있었다.

그렇게 늦게 잠을 자니 아침에 늦게 일어나게 되고, 피로는 안 풀리고 늘 몸이 축 늘어졌다. 아침에 가게 문을 열 때는 정신이 맑지 않고 몽롱한 상태일 때가 많았다. 그런데 저녁에 가게 문을 닫을 때는 물고기가 물 만난 격으로 쌩쌩하며 정신이 아주 맑고 총명했다.

이런 일들이 악순환으로 계속 이어지면서 무엇인가 시간에 쫓기는 것 같은 느낌이 들었다. 살던 곳에서는 5일마다 재래시장이 열렸다. 장날이면 손님들이 찾아와 가게에서는 막걸리 술판을 벌이기도 했고 이럴 때면 틈틈이 하던 집안일이며 가게 일들은 뒷전이 되었고 손님들과 얘기하며 노는 것에 정신이 팔려 아이들 밥 챙겨주는 것도 귀찮아하게 되었다.

이렇게 다른 것에 정신이 팔리다 보니 내가 기본으로 해야만 하는 일을 병행해서 할 수가 없었다. 이런 아무 유익이 없는 시간을 보내며 너무 하루하루를 낭비하며 살아가고 있었다. 갑자기 '내가 왜 이렇게 살고 있지?'라는 생각이 들며 정신이 번쩍 드는 것 같았다. 가게 문을 닫고 하루를 생각해보면 너무 한심스럽고 하루를 잘못 보냈다는 생각이 들었다.

그 이후로 가게를 운영하면서 가게에서 술 마시는 일도 만들지 않았고 손님이 없을 때는 무엇인가 나 자신을 위해 자기계발을 하든지 알찬 일을 좀 해야 하겠다고 생각을 했다. 가게를 열기 전에 모든 집안일을 마무리하니 시간이 너무 많이 남는다는 느낌이 들었다. 그때부터 그 많은 시간을 어떻게 활용할 것인가를 생각해보고 책을 좀 읽어야겠다고 다짐했다.

손님 없을 때 독서의 시간을 가지고, 이불 맞춤형 가게라 주문이 들어오면 원단이며 솜이며 서문시장에 가서 모든 재료를 구매해 내가 직접 이불을 만들어 판매하고 있었다. 이렇게 가게를 운영하면서 시간 관리를 잘못하니 분주하기만 하고 일에 능률도 오르지 않고 실속 없이 바쁘기만 바빴다.

하루 마무리를 하며 어떤 경우에 시간이 남고 어떤 경우에 시간이 부족한지 체크를 하고 나도 모르게 시간을 물 쓰듯 하며 흘려보낸 시간을 찾아가기 시작했다. 그전에는 손님 없으면 TV를 틀어놓고 드라마를 본다든지 아님, 멍하니 앉아 그냥 시간을 보내버리는 것이 일과였다.

이제는 절대로 TV를 켜지 않고 손님 없으면 집안일을 하든지 아님, 책이라도 읽자고 다짐했다. 그렇게 결단하고 보니 자투리로 흘려보낸 시간이 너무나 많아 아깝다는 생각이 들었다. 그 자투리 시간을 확보하고 책을 틈틈이 읽으니 내가 아무리 책을 잘 못 읽어도 한 달에 두 권의 책은 읽게 되고 1년이면 24권의 책을 읽게 되었다.

또, 직장 생활을 할 때의 일이다. 직장이 대구 서문시장 쪽에 있어서 우리 집에서 출발하면 버스를 타고 35분에서 40분 정도 가야 했다. 직장에서 8시에 일을 시작해 7시가 되어야 퇴근을 한다. 나는 저녁형 인간이라 아침에 일찍 일어나는 것이 가장 힘든 일이었다. 일찍 일어나 아이들을 챙겨 학교 갈 준비를 다 해놓고 나는 아이들이 학교 가기 전 6시 30분에 집을 나서야 버스를 탈 수 있고, 회사에 지각하지 않는다.

이러니 난 늘 잠이 부족했고 버스를 타는 순간에 앉으면 내릴 때까지 버스 안에서 잠을 잔다. 또 퇴근할 때도 마찬가지다. 그때는 퇴근 시간이라 1시간 정도 걸린다. 이 시간에 역시 잠을 잔다. 온종일 일에 지쳐 있는 몸이 버스에 앉는 순간 잠이 쏟아지고 버스가 복잡해 앉을 자리가 없으면 버스 손잡이를 잡고 서서 졸기도 한다. 이렇게 잠에 허덕이며 하루하루를 보내면서 나는 잠 못 잔 귀신이 붙었나, 왜 이렇게 졸지 싶은 생각이 들었다.

안 졸려고 노력을 해보자 싶어 버스 출퇴근 시간에 책을 읽기 시작했다. 처음에는 책을 읽다, 졸다 이렇게 반복하며 끈질기게 연습을 했는데 결과는 참으로 놀라웠다. 하루에 나도 모르게 버려버리는 시간이 다른 부분에도 많았겠지만, 버스 타는 시간만 계산해도 1시간 40분이나 되는 시간을 잠으로 쓰레기통에 버리고 있었음을 알게 되었다.

이제 출퇴근 시간에 무조건 책을 읽기로 했다. 처음에는 늘 조는 습관이 있어 책을 읽어도 졸면서 읽는 관계로 무슨 내용인지도 몰랐다. 잠을 깨기 위해 껌도 씹어보고 커피를 미리 회사에서 한잔 마시고 퇴근하기도 했다. 그렇게 하루 이틀 지나니 책 내용이 머릿속으로 들어오기 시작했고 내용을 파악하니 책이 재미있어지기 시작했다.

이때부터 책의 주인공은 내가 되었고 그다음 장면이 또 기대되어 집에 가서도 책을 읽고 있는 모습을 보이게 되었다. 이렇게 우리는 알게 모르게 많은 자투리 시간을 아무 생각 없이 버리고 살아가고 있다. 많은 사람이 늘 시간은 '금'이라고 말을 한다. 금은 돈이다.

그런데 이 돈을 아무렇지도 않게 버려버린다. 나는 이 자투리 시간을 통해 많은 책을 읽게 되었고 이런 계기로 시간의 중요성과 나 자신이 얼마나 많은 시간을 낭비하고 있는가를 깨닫게 되었다. 이제는 잠깐이라도 무엇인가 아무것도 하지 않고 시간을 보내면 나의 마음 자체에 벌써 불안한 마음이 몰려오곤 한다. 그러면 바로 나의 행동을 점검하고 다른 별일이 없으면 독서를 하거나 중요하게 해야 할 일인데 빠뜨린 게 없는가를 확인하고 점검하곤 한다.

이렇게 사람들의 습관이 무서운 법이다. 과거 같았으면 아무 느낌도 없이 그러려니 하고 지나갔을 시간을 되찾고 모든 자투리 시간을 독서로 알차게 보내본다. 이 책을 읽고 있는 독자도 일과를 점검하며 모든 스케줄의 시간을 적어보자. 그러면 반드시 본인도 모르는 사이에 버려지는 자투리 시간을 꼭 되찾게 될 것이다.

끝으로 자투리 시간을 활용하는 데 도움이 될 방법을 정리해본다.

첫째 : 하루의 일정을 정리하여 내가 활용할 수 있는 시간을 파악해보자.

둘째 : 내가 활용할 수 있는 시간에 할 수 있는 일들을 계획해보자.

셋째 : 실천할 수 없는 계획이 아닌 실천할 수 있는 계획 즉 내가 포기하지 않을 수 있는 현실적인 계획을 세워보자.

넷째 : 시간을 분 단위로 쪼개어 활용해보자.

위에서 말한 네 가지를 기준으로 삼고 자신을 돌아보면 얼마나 시간을 낭비하고 있는지 또한 활용할 수 있는 시간은 얼마나 있는지 파악을 할 수 있다. 그동안 낭비된 시간을 체크하면서 왜 낭비하게 되었는지 확인해보고, 그 시간을 어떻게 활용할 것인지를 생각해보는 것도 아주 바람직한 일이 될 것이다.

처음부터 계획을 세워 행동으로 옮기는 일이 마음처럼 쉽지 않을 수도 있다.

숨어 있는 시간을 찾아 그 시간 속에서 독자의 일을 계획하며 채워나간다는 마음으로 쉽게 접근해보는 것도 좋은 방법일 것이다.

03

책을 읽을 때 메모하는 습관을 가지자

뜻을 강구하고 고찰하여 그 정미한 뜻을 깨달으면
깨달은 바를 수시로 기록해 두어야만 바야흐로 실제의 소득이 있게 된다.

– 정약용 –

적자생존이란 말은 '환경에 가장 잘 적응하는 생물이나 집단이 살아남는다.'라는 의미가 있는 문구이다. 그러나 요즈음 코믹하게 꾸며서 하는 말 "적어야 생존할 수 있다."라고 변형해 메모의 중요성을 강조하고 있다.

예전에는 메모하는 습관이 왜 그렇게 어려운 일이었는지 모르겠다. 내가 메모를 좀 해보겠다, 무엇인가 적어놓으면 적어놓은 것을 보아도 알아볼 수가 없고 내용이 정리가 제대로 되지 않아 더 혼잡해 보이고 지저분해 보인다. 참으로 메모를 잘하는 사람들의 노트나, 다이어리를 보면 정말 한눈에 깔끔하게 정리되어 있고, 한눈에 내용도 파악이 될 정도라 정리와 메모를 기가 막히게 잘하는 사람이 부러웠다.

어떻게 해야 저렇게 핵심 내용을 잘 파악해서 요점 정리로 명확하게 기록을 해놓을 수 있을까 하며 감탄사가 저절로 나온다.

이런 사람들 대부분을 잘 살펴보면 매사에 체계가 잡혀 있고 절대 우왕좌왕하지 않으며 하루의 계획과 일정을 순조롭게 잘 헤쳐나가며 맡은 임무 또한, 잘 수행해 내는 멋진 모습을 보이는 사람이 많다.

독서도 마찬가지이다. 처음 독서를 할 때는 메모며, 생각이며, 느낌이며, 독자의 생각, 메시지는 아랑곳하지 않고 그저 책만 읽기에 급급한 시절이 있었다. 아무 생각 없이 읽어나가니 책을 다 읽고 덮을 때는 아 정말 감명 깊다 하고 생각했지만, 어느 누가 어느 부분에서 가장 감명 깊었냐고 물어보면 한 구절도 기억이 나질 않았고 정말 내가 책을 읽은 것이 맞는지 의심이 갈 정도였다.

그렇게 나는 책을 읽어가기만 한 것이다. 책을 미친 듯이 읽고 완독한 후 책을 덮어 버리면 아무 생각도 안 날뿐더러 며칠 지나면 책 제목도 까먹어 버릴 정도이다. 이렇듯 책을 읽을 때 아무 생각 없이 느낌 없이 읽어서는 안 될 것이다.

어느 날 교회에서 예배를 드리는데 나의 옆자리에 앉은 청년이 있었다. 목사님의 설교를 바로바로 요점 정리해 기록하고 있었다. 그처럼 빠르게 요점 정리를 하며 명확하고 간단, 간결하게 메모를 하는 모습에 감탄이 나왔다.

그 청년의 노트와 나의 노트를 비교해보니 참 어이가 없었다. 똑같은 예배를 드리는데 어떻게 이렇게 다를 수가 있나 싶을 정도로 비교하지 않으려 해도 비교하지 않을 수가 없었다.

독서의 완성은 기록에 있다고 해도 과언이 아니다. 독서는 목적을 가진 중심의 독서로 시작하여 많은 독서를 통해 인생의 성공을 이루어가는 데 그 의의가 있다. 그리고 그 목적을 이루어가는 데 있어서 꼭 필요한 것이 바로 '기록'이다.

"붓을 움직이지 않는 독서는 독서가 아니다."

– 모택동

이 말을 남긴 모택동은 세 번 반복해 읽고 네 번 익히라는 '삼복사온(三復四溫)'의 말도 했다. 모택동은 말처럼 세 번 반복해서 읽고 네 번 익히는 실천까지 보일 정도로 독서에 대한 애착이 남달랐던 모습을 보였다.

또한, 기록의 중요성을 강조한 많은 위인 중 한 분으로 바로 다산 정약용을 꼽지 않을 수 없다. 다산 선생은 공부할 때는 초서를 써야 한다고 강조를 했다. 초서란 책을 읽는 중에 중요한 부분을 뽑아 따로 쓰는 독서법이며 공부법이다. 이렇게 독서에서 메모가 차지하는 중요성을 우리 선조 때부터 외쳐왔다는 사실을 알 수 있다.

다산 선생의 가르침처럼 아주 멋진 초서를 할 수 없더라도, 우리는 책을 읽으면서 감동을 준 문장이나, 중요하다고 생각하는 문장에 밑줄을 표시하고 문득 떠오르는 궁금증이나, 질문을 메모해야 한다. 이렇게 하게 되면 책을 읽는 내내 집중하게 되고 책을 읽고 난 다음에도 무엇을 얻을 수 있었는지 되돌아볼 수 있는 장점이 있다.

독서를 통하여 자신이 원하는 지식과 정보를 얻고 현재 생활에서 적용하여 발전시켜 나아가야 한다는 것을 기억해야 할 것이다.

왜 책을 읽을 때 꼭 메모해야 하나? 꼭 독후감을 쓸 필요가 있는가? 독후감 쓰는 시간에 책 한 권 더 읽는 게 낫지 않은가? 이렇게 생각해 메모도 하지 않고 독후감도 쓰지 않는 사람들이 많다.

그러나 아무 표시도 하지 않고 메모도 하지 않고 읽는 것보다 밑줄을 긋고 메모를 할 때, 독후감을 쓰겠다고 마음먹고 책을 읽을 때 더욱더 집중해서 읽고 몰입을 할 수 있는 것이다. 우리의 뇌는 주의 집중해야 오래 기억을 한다. 우리가 책을 읽고 독후감을 썼을 때 핵심적인 장점과 책의 내용을 오랫동안 기록해놓을 수 있다.

독후감을 쓰면서 감동을 준 문장과 교훈이 되는 문구, 책에서 강조하는 단어 등을 이해하고 기록함으로써 똑같은 책을 여러 번 반복하여 읽게 되는 효과가 있다.

우리의 뇌는 100%를 기억할 수 없다. 그리고 24시간이 지나면 60%가 의식에서 지워지고. 3일이 지나면 나머지 40%도 지워진다고 한다. 그렇기에 독후감을 써놓는 것은 나중에 필요한 지식이 있을 때 제대로 된 진가를 발휘할 수 있다. 써두었던 독후감을 다시 읽는 것은 책에서 얻었던 지식을 가득 쌓아놓은 무의식의 길 위를 산책하는 것과 같다. 독후감을 쓰는 것에 대해서는 부담감을 가져서는 안 된다.

"하나님은 당신 안에 있다. 당신은 하나님의 일부다. 당신은 기적을 일으킬 수 있다."

– 팸 그라우트, 『E2(소원을 이루는 마력)』

나는 오늘 『E2(소원을 이루는 마력)』이라는 책에 나오는 한 구절을 읽고 독후감을 써보았다.

"나는 하나님의 자녀이기에 나의 품격은 다르다. 우주의 만물의 주인이신 하나님 아버지가 나의 아버지이심에 나 또한 하늘나라 공주이다. 하나님의 모든 것을 나는 상속받았다.

일개 한나라의 왕자, 공주도 일반 백성과 비교해 훨씬 더 품위 있고 우아한 품격을 가졌다. 하물며 나는 하나님의 딸이기에 그 품격은 어떠한 것과도 비교할 수 없는 고품격을 가졌다. 내가 하는 모든 일이 나의 삶을 성공시키기 위해 하나님은 모든 면에서 성공의 세팅을 해놓으셨다. 나는 그 길로 가기만 하면 된다. 작가로서 품격을 갖추고 성공자의 삶으로 살아가며 하나님의 영광을 나타내며 동기부여가, 사람 살리는 메신저가 되어 향후 나는 선한 영향력을 끼치는 사람으로 살아갈 것이다. 이것이 바로 나에게는 기적이다."

이렇게 간단하고 명확하게 한 구절에서라도 자기가 느낀 점을 기록해보면 이것이 바로 독후감인 것이다. 대부분 우리가 생각하는 독후감은 아주 멋지게 거창하게 써야 한다고 생각하기 때문에 부담이 생기고 쓰고 싶지 않은 것이다.

그냥 간단하게 자기 느낀 점을 생각나는 대로 기록만 해놓는다고 생각하면 훨씬 쉬워질 것이다. 이제 독서를 하게 될 모든 경우에 한 구절, 그것도 아니면 한 단어에서도 감명 깊었던 것, 느낀 점을 바로바로 메모하는 습관을 길러보자.

04

행동으로 옮길 수 있는 현실적인 계획을 세워보자

열망을 실현하기 위해 명확한 계획을 세우고 즉시 시작하라.
준비됐든 안 됐든, 이 계획을 실행에 옮겨라.

– 나폴레온 힐 –

과거에 독서에 대한 중요성을 알지 못하고 책이 나의 삶의 길잡이가 되어준다는 것을 바로 알지 못할 때 나는 생각하는 대로 삶을 사는 것이 아니라 사는 대로 생각을 하며 살아왔고, 사는 것 또한 내 마음대로 되질 않아 늘 마음은 분노와 열등감으로 가득 차 있었다.

매사에 부정적인 말과 행동으로 주위 사람들을 힘들게 했고, 나 역시 마음이 불편하니 일상의 삶이 편할 리 없었던 것 같다.

지금보다 젊었을 적에 처음 직장에 가서도 늘 내가 이 나이에 왜 여기

와서 일해야 하나 싶기도 하고 무엇인가 이유를 알 수 없지만 나만 억울하고, 분하다는 생각이 들었다. 늘 안 좋은 생각만 하고 있으니 좋은 일이 일어나지 않았다. 항상 불행하다는 생각을 하고 있으니 늘 불행할 수밖에 없었다.

이 모든 것이 나 스스로가 그 불행을 끌어당긴다고는 전혀 생각하지도 못한 채 끊임없이 불행과 가난만을 스스로 끌어당기고 있었다. 이러한 삶을 살면서 나는 독서를 알게 되었다. 처음에는 계속 내용을 읽기만 하니 책도 재미가 없고, 책은 나의 꿈나라의 친구였다. 책 읽는 근육이 생성되지 않은 상태에서 책을 읽으려니 책처럼 재미없는 친구도 없었다. 이처럼 독서도 자신에 맞게 계획을 세워서 읽어야 제대로 읽을 수 있고 지치지 않고 즐겁게 읽어나갈 수 있다.

예전에 코디로 근무를 할 때 한 달 동안 고객들 집에 방문해 점검해야 할 제품들이 있었다. 이 제품들을 한 달간 매일매일 일자를 나누어 점검해야 한 달 안에 점검을 마무리할 수 있었다. 예를 들면 한 달 동안 점검해야 할 250개의 제품이 있고 한 달 중 25일을 일한다고 일정을 잡아보자. 그러면 하루에 열 군데의 집을 다녀야 한다.

한 제품당 20분씩 잡아보면 아침 9시에 일을 시작해 저녁 6시까지 근무한다고 계산하였을 때 8시간 근무, 이동시간 거리를 좁히기 위해 아파트 단지 내에서 점검한다고 해도 한 시간에 두 집을 다녀야 한다. 그렇게 하기 위해서는 고객 집에서의 나와서 자동차까지 이동시간 3분에서 5분, 다음 고객의 집에 필터 교환 있을 때 교체 제품 챙기기 5분, 영업을 위해 혹시라도 고객들과 차라도 한잔하면 30~40분은 훌쩍 넘어버린다.

이렇게 점검하는 게 어려운 이유는 의도치 않게 고객이 댁에 안 계시거나 하면 시간상 또 착오가 생기기 때문이다. 하루 열 집을 점검 다니기 위해 입에서 단내가 나도록 시간 싸움을 해야 하고 하루의 계획을 잘 세워야 하며, 계획대로 이루어지지 않을 때 시간 손실이 더 많이 생기는 것이 사실이다. 마음속으로 오늘은 고객들이 예약 시간에 다들 약속을 잊어버리지 않고 댁에 계시기를 바라는 마음으로 하루를 시작하곤 했다.

예전에 동기부여 독서 모임을 다닐 때였다. 일주일에 한 번씩 모임 시간을 갖고 책에 관해 토론하기로 했을 때 보통 2주에 한 권을 읽어야 했다. 예를 들어 한 권에 300페이지로 책이 설정되었으면, 매일매일 21.4페이지는 읽어야 다음 주 독서 토론 때 부담이 없고 2주 만에 완독할 수 있다. 사람 만나면서 일을 하며 매일 21.4페이지를 읽기란 쉬운 일이 아니었다.

그래도 이렇게 계획을 세워 놓지 않으면 아예 읽을 수가 없는 날이 더 많이 생기고 책 한 쪽도 읽지 못하고 독서 토론에 참석해야 하는 일들이 생기게 된다.

현재에도 책을 그냥 읽기보다도 하루에, 한 달에, 몇 권을 읽겠다는 목표를 세우고 읽어가면 계획을 이루어나가는 것이 의미도 있고 또한 보람도 느끼게 된다.

책을 읽을 때 흰 것은 종이요, 검은 것은 글씨라고 아무 생각 없이 그냥 읽어나가면 읽는 양에 급급한 나머지 책의 내용이 잘 파악되지 않으며 아무 의미 없는 시간을 보내게 된다. 그럼 실질적으로 내가 행동으로 옮길 수 있는 현실적인 계획을 세워보자.

독서를 하는 것이 처음이라고 하면 욕심을 내어 무리하지 말고 조금씩 늘려가는 것이 중요하다. 예를 들어, 한 달에 한 권을 읽고 싶으면 보통 300페이지, 한 달 30일 기준으로 하면 하루 10페이지를 읽어가면 된다.

사람마다 책 읽는 속도나 독서 습관이 다를 것이다.

위의 방법도 '무리다.'라고 생각하면 권수는 결정하지 말고 무조건 하루 1분에서 5분까지만 읽겠다는 결단을 하고 매일매일 그렇게 읽어가면 하루하루 2주 정도만 지나가도 습관을 들일 수 있다. 이 방법으로 시도를 해보고 정말 1분만, 아님 3분만, 이렇게 자기에게 맞는 방법을 찾아가면 된다.

처음부터 시도도 해보지 않고 완벽한 계획을 짜는 것은 무리이다. 내가 할 수 있겠다는 근사치로 계획을 세우면서 실천해나가다 보면 더 좋은 방법이 떠오를 때 계획은 언제든지 수정해나가면 되는 것이다.

나는 정말 책을 읽는 습관이 없어 욕심만 앞서가다 보니 계속해서 독서에 대한 흥미를 못 느끼고 실패할 때가 많았다.

그러나 포기하지 않고 다시 더 낮은 계획으로 수정을 하고 하루 1분부터 타이머를 걸어놓고 시작을 해보았다. 그렇게 하니 처음에는 1분도 긴 것 같은 느낌이 살짝 들었지만 그래도 1분은 읽자 하고 계속해서 시도한 끝에 책 내용이 더 궁금해지거나 하면 시간을 더 추가해서 읽어가니 며칠 지나지 않아 5분으로 독서 시간이 늘어나게 되었다.

이제는 책을 읽어야 하겠다고 마음먹으면 하루에 두 권 이상도 읽을 수 있는 독서광이 되었다.

이렇듯 무엇이든 일단 시도부터 해보는 것이 중요하다. 그 이후에 나에게 맞는 방법을 찾아내면 되는 것이다. 아무것도 시도하지 않고 아무리 많은 생각을 끊임없이 한다고 하더라도 절대로 긍정적인 변화는 일어나지 않는다. 시도하면 언젠가는 자신에게 맞는 독서 방법을 찾게 될 것이다.

얼마 전에 〈한책협〉에서 유튜브 과정을 배웠다. 단 하루 만에 동영상을 찍고 영상까지 올리는 작업 또한 자세히 알려주었다. 나는 전형적인 컴맹이라 모든 것이 다 서툴고 어색하였다.

처음부터 완벽할 수는 없다. '뭐 이렇게 찍어서 누가 보겠어?'라고 말을 하겠지만 무엇이든 포기하지 않고 자꾸 하다 보면 잘하게 되어 있고 그러다 보면 속도도 빨라지게 되어 있다.

나는 매일매일 모든 면에서 조금씩 좋아지고 있다.
나는 매일매일 모든 면에서 조금씩 성공하고 있다.
나는 모든 것을 배우고 있고, 그 상황과 환경 자체가 좋아지고 있고, 성공해가고 있다.

첫 영상 하나 찍는 데 혀가 꼬이고 말도 제대로 나오질 않고 이상한 말만 자꾸 나와 몹시 힘들었지만, 7시간 걸려 5분짜리 한 편의 영상이 나왔다. 편집하고 나니 4분 20초 정도 되는 영상을 7시간이나 걸려 찍었지만 늦을지언정 어찌 되었든 시도하니 한 편의 영상이 나오는 것이다.

이것과 마찬가지로 독서하는 방법도 두려워하지 말고 시도하라. 두려움을 쫓는 가장 좋은 방법은 행동밖에는 없다고 한다. 끊임없이 시도해서 반드시 이번에는 행동으로 옮길 수 있는 현실적인 계획을 세우고 실천하여, 독서의 효과를 10배로 높이는 독서 습관을 길러보도록 하자.

05

자신만의 독서 목표를 세우고 실천해보자

목표가 있는 사람들은 성공합니다. 왜냐하면,
그들은 어디로 가야 할지 알기 때문입니다. 단지 그 이유뿐입니다.

– 얼 나이팅게일 –

예전에 직장에서 번개로 여행을 가기로 했다. 여행은 어디로 갈 건지 여행 기간은 얼마로 정할 것인지 그리고 하루 여행 경비는 어떻게 되는지, 여러 가지로 준비해야 할 일이 많은 일인데 갑자기 번개로 모여 여행이라는 걸 하려니 문제가 많이 발생했다.

번개로 모인 그 장소에서 여행 일정과 계획, 목표를 정하려니 사람이 많아 서로 의견들이 달라 하나로 결정짓기가 쉽지 않았다.

몇 명씩 차로 출발하자는 사람, 기차로 출발하자는 사람, 자전거 여행

어떠냐고 하는 사람 등 이렇게 여행을 한 번 가는 데도 각자의 생각과 일정, 계획이 다르다.

그러다 우왕좌왕하게 되고 시간은 자꾸 흘러 점심시간이 가까워지니 한두 사람씩 슬그머니 그 자리를 떠났다. 그러다 보니 결국 그날 번개 여행은 가지 못하고 무산되었다.

이렇듯 간단하게 가까운 데 잠깐 여행을 다녀오려고 해도 각자 다른 사람들의 의견 충돌로 하나의 계획으로 정하지 못하여 없던 일이 되어버린다. 번개로 모여 여행 계획과 일정을 정하지 못한 채 움직이려 했다가 여러 사람의 시간 낭비만 하게 되었던 하루였다.

예전에 우리 딸아이와 친구들이 학교에서 내준 과제를 각각 개인별로 진행하며, 각자 맡은 역할과 분야를 완수하는 작업을 하고 있었다. 딸아이 친구는 집중력이 좋아 단기간에 밤을 새워 완수했고, 그와는 달리 우리 딸은 매일 조금씩 자신이 맡은 과제를 해나갔다. 친구들이 모두 각자의 페이스에 따라 조절을 하면서 맡은 과제를 완수하였다.

이렇게 보면 단기간에 완성한 친구와 매일 조금씩이라도 하며 과제를 완수한 친구 모두가 서로 동기부여를 받았다고 할 수 있다. 사람들은 각자의 신체 리듬이 있다. 딸아이는 6~7시간은 자야 다음 날 정상적으로 하루 계획을 진행할 수 있다.

하지만 다른 친구들은 몇 날 며칠 밤을 새워도 페이스를 잃지 않고 집중을 할 수 있다. 그렇기에 한 가지의 방법 가지고 모든 사람에게 적용할 수는 없는 것 같다.

지금까지 여러 경험을 통해 단기간에 성과를 내는 유형인지, 천천히 조금씩 매일매일 성과를 내는 유형인지 파악을 하고 있을 것이다.

제대로 된 계획과 목표는 중요하다. 그 계획과 목표가 자신에게 맞는지 확인하는 것도 아주 중요하다. 나는 처음 독서를 시작하면서 많은 시행착오를 겪었다.

처음 책을 읽을 때 글자 하나 빼놓지 않고 또박또박 정독하려고 했다.

그리고 나는 하루에 몇 페이지를 읽겠다는 구체적인 목표가 없었다. 그러다 보니 졸기도 하고 나중에는 독서를 하고 싶은 마음도 사라지게 되고 효율적으로 능률이 오르질 않았다.

예전에 뉴스킨 사업을 하며 독서 토론의 시간을 가질 때 『1만 시간의 법칙』이란 책을 읽었다.

이 『1만 시간의 법칙』에서는 사람이 아무리 못한다 해도 하루 3시간씩, 10년을 들여 연습하고 배우면 그 분야에서 최고가 되지 않을 수 없다고 했다. 그 1만 시간의 법칙에 따라 힘들고 어려울 때마다 다시 힘을 내고 도전하며 성공의 길을 걷고 있었다.

나는 이 책에서 말하는 것처럼 나만의 독서 목표를 정할 수 있었다. 여러 가지의 시행착오를 겪으면서 나만의 자투리 시간을 활용하는 목표로 결정했고, 스스로 매일매일 실천할 수 있는 계획이야말로 자기 자신에게 딱 맞는 습관과 독서 계획이 된다는 사실을 깨달았다.

그렇다면 나만의 자투리 독서 목표 계획은 어떻게 하는 것일까?

처음 먼저 1년 동안 독서량에 대한 목표를 세우고, 중점적으로 관심 있는 분야를 주제로 정하여보자.

"경영학 대가인 피터 드러커의 경우 1~3년 주기로 관심 분야를 설정하고 해당 분야의 책을 중점적으로 읽는 것으로 유명하다."

– 허동욱, 『자투리 시간 독서법』

즉 올해 내가 관심 분야를 정하는 것은 책을 선택하고 구매할 때 아주 중요한 역할을 하게 되고 체계적인 독서를 할 수 있도록 돕는다.

독서량에 대한 목표만이 아니라 관심 분야의 책에서 깨닫고 싶은 것이 무엇인지에 대한 목표를 세우면 금상첨화가 될 것이다. 전체적인 목적만 있고 실질적으로 책에서 얻고자 하는 목표를 부여하지 않는다면 독서의 효과는 절반도 누리지 못할 것이다.

책에서 얻고자 하는 것을 명확히 하고 읽기 시작하면 목표 없이 읽어 가는 것에 비해서 더더욱 많은 것을 얻게 된다. 독서량에 대한 목표와 함께 읽을 책에 대한 목표를 세우고 독서를 시작해보자.

꾸준한 책읽기는 마음으로만은 되지 않는다. 아주 구체적인 계획이 들어가야 한다. 운동을 꾸준히 하려고 할 때도 그냥 마음만 먹는 것이 아니라 '일주일 세 번은 꼭 운동하겠다.'라고 구체적인 계획을 세워서 하는 것이 바람직하다. 가는 시간도 자신에게 맞게 아침이 좋으면 아침으로 저녁이 좋으면 저녁 시간으로 결정한다.

이처럼 독서도 구체적으로 목표와 시간을 명확히 정해서 시작하는 것이 좋다. 독서를 어떻게 해야 할지 모르겠다는 답답한 생각을 하게 될 때는 그리 초조해할 필요는 없다.

친구들과 여행을 가려면 먼저 행선지를 결정해야 하는 것처럼 자신의 수준에 맞게 자신의 일과에서 자투리 시간을 활용해 독서의 목표를 정하면 되는 것이다. 나는 처음 독서를 할 때는 이것저것 복잡하면 더 하지 않게 되는 경향이 있어 그냥 매일 5분을 목표로 삼고 책을 읽기 시작했다.

처음에는 절대로 5분 이상을 넘기질 않았다. 정말 책이 재미가 있어 나도 모르게 시간을 넘겼을 경우는 괜찮지만, 억지로 많은 시간으로 독서를 하려고 하면 부담감이 생겨서 결국에는 그 하루 5분도 못 하게 되는 경우가 발생할 수도 있다. 그렇기에 일주일 동안은 5분으로, 그다음 주는 10분으로 이렇게 자신의 페이스에 맞게 차근차근 시간을 늘려가는 방식으로 목표를 세워 실천을 해보도록 하자. 아무리 좋은 방법이라 할지라도 나에게 맞지 않으면 무용지물이 될 것이다.

무엇보다 자기 자신은 자기가 제일 잘 알고 있다. 그리고 좋은 방법은 여러 가지로 제시되어 있으니 자기 자신에게 맞는 방법을 찾아서 실천하면 된다.

06

자신이 좋아하는 분야의 책을 읽어보자

책은 성당의 황금 그릇이요, 언제까지나
손에 들고 있어야 할 타오르는 등불이다.

– 리처드 베리 –

예전에 아들이 중학교 2학년 때쯤의 일이다. 늘 학교에 갈 때 지하철 두 정거장을 지나 하차한 다음 10분 정도 도보로 등교했다. 하루는 담임 선생님께 전화가 걸려 왔다. 아이가 집 근처에서부터 학교까지 농구공으로 드리블을 연습하며 걸어서 학교에까지 오고 수업 시간에 농구 공부만 하고 있다고 말씀하시며 아이가 농구를 좀 자제하게 해달라고 요청하셨다.

엄마인 나는 아이가 지하철을 타고 등교하고 있는 것으로 알고 있었는데 선생님의 말씀으로 아이가 농구를 한다는 것을 처음 알았다. 아이가

요 며칠 전부터 학교에 가라고 깨우지도 않았는데 평소와 달리 빨리 일어나 학교에 간다며 집을 나섰다. 아들이 무엇인가 좀 달라졌다는 것을 느꼈지만 무엇 때문에 달라졌는지는 알 수가 없었다. 아들이 학교에서 집에 돌아왔을 때 선생님과 통화한 내용을 이야기하며 어떻게 된 거냐고 물어보았다.

아들이 길거리 농구 모임에 가입했다고 했다. 그런데 농구가 너무 재미있어 드리블 연습할 겸 집에서부터 학교까지 걸어 뛰어가며 연습을 했는데 그 모습을 선생님이 출근하시면서 보았다는 것이다. 등교할 때는 운동 삼아 그렇게 간다고 해도 별문제는 되지 않고 오히려 좋은 현상일 수 있다.

다만 공이 차도로 굴러가지 않게 조심해야 한다며 얘기를 해주고 선생님이 걱정하시는 부분은 수업 시간에도 공부에 집중하지 아니하고 농구에 관해서만 공부하는 것이라고 말을 했더니 자신도 모르게 농구 골대를 그리고 어떻게 하면 슛을 넣을까 자꾸만 생각하게 된다면서 우는 것이다. 이토록 본인이 좋아하게 되니 누가 시키지 않아도 알아서 생각하고 연구하고 스스로 움직인다는 것을 알았다.

어느 날 일요일이라 기억을 한다. 아침 준비를 하고 딸아이를 깨우러

갔다. 딸아이가 방에 없는 것이다. 그 시간은 좀 이른 시간이라 깜짝 놀랐다. 어제 분명히 자기 방에서 잠드는 것을 확인했는데 아침 시간에 아이가 없으니 황당할 노릇이었다. 그때는 휴대폰도 아직 사주지 않은 상태라 연락할 방법이 없었다. 딸은 오후 늦게 집으로 돌아왔다. 어디에 다녀왔냐고 하니 학교에서 피구 동아리에 가입했고, 동아리 팀에서 경기에 출전하게 되어 경기를 뛰고 2위를 하고 왔다는 것이다.

운동하는 것을 왜 엄마에게 말하지 않았냐고 하니 엄마가 못 하게 할까 봐 말을 하지 않았다고 한다. 이렇듯 딸아이도 학교 갈 때는 안 일어나더니 본인이 중요하게 생각하고 좋아하는 것에는 깨우지 않아도 스스로 일어나 알아서 헤쳐나가고 있는 모습이 정말 놀라웠다. 하기 싫은 것과 좋아하는 것에 대한 실천 능력이 이토록 차이를 나타내고 있다.

독서도 마찬가지인 것 같다. 나는 예전 독서를 좋아하고 사랑하는 사람을 이해하지 못했다. 책이 무엇이 재미가 있어 저렇게 넋이 나가도록 옆에서 불러도 모를 정도로 푹 빠져 있고, 책을 읽다가 웃다가, 울다가 화내다가 하는지 이해하지 못했다.

이토록 자기가 좋아하고, 사랑하는 책은 누가 읽지 말라고 해도 숨어서라도 읽고 있을 것이다.

앞에 우리 아이들이 자기가 좋아하는 것을 방해받을까 봐 숨긴 것처럼 독서도 자기가 좋아하는 관심 분야의 책을 먼저 독서로 시작하게 되면 처음 시작하는 사람이라 할지라도 쉽게 접근할 수 있으리라 생각한다.

나는 영화도 감동적인 것, 액션, 이런 영화를 보면 정말 재미있게 보곤 한다. 하지만 내가 좋아하지 않는 장르는 초반부터 졸기 시작해 끝까지 자고 나온다. 이토록 자기의 관심 분야가 어떤 것인지 아는 것이 중요하다.

책은 한 사람의 경험과 신념, 생각, 스토리, 다양한 사례들을 모아 그 삶을 그린 것이다. 이 한 권의 책은 독자들에게 때로는 나침판으로 때로는 길잡이로 기억에 남을 것이며, 또한 잠재의식 속에 중요한 메시지로 기록될 것이다.

이렇게 자신의 관심 분야의 책을 읽다 보면 평소에 아는 내용도 많기에 손쉽게 이해할 수 있고, 빠르게 읽는 속도도 낼 수 있다. 꾸준히 자신이 좋아하는 분야의 책을 중점적으로 읽다 보면 새로운 분야의 책에도 관심을 가질 수 있고, 부담 없이 책을 읽을 수 있게 된다. 이렇게 꾸준히 반복적으로 하게 되면 자신도 모르게 독서의 습관도 길이 들게 된다.

지금부터 위에 말한 방법대로 적용하고 실천하며 자신의 관심 분야에 맞는 책을 찾아 한 권씩 읽어가면 독서의 깊은 매력에 빠질 것이다. 무엇이든 꾸준히 하게 되면 노하우가 생기듯 독서도 하면 할수록 기술력과 실천력이 생기게 된다. 책을 읽으면 읽을수록 문장을 이해하는 능력이 향상되며, 내용의 핵심을 잘 파악하는 속도도 무척 빨라진다.

나는 처음에는 소설보다는 자기계발서를 읽었고, 두꺼운 책은 보기만 해도 부담스러워서 얇은 책을 선택했다. 어려운 분야라고 생각하는 인문학, 역사, 철학 이런 분야의 책은 어느 정도 독서에 대한 자신감과 마음의 근력이 쌓인 후에 읽으면 부담감을 줄일 수 있다.

그래서 독서는 매일매일 훈련이 필요하다. 꾸준히 독서를 계속하다 보면, 책의 가치와 힘이 있다는 것을 알게 된다. 나는 책을 읽기 전까지는 책에 가치와 비전, 힘이 있다고는 생각을 할 수 없었다.

이제 독자에서 저자의 입장이 되어보니 얼마나 수많은 노력과 땀이 들어가 한 권의 책이 출간되는지 알게 되었다. 책은 돈으로 그 가치를 매길 수 없다는 것을 깊이 깨닫게 되었다. 책은 독자들의 인생과, 많은 면을 바꾸고 의식을 성장시킨다. 책은 사람뿐만이 아니라 세상을 생산적인 방향으로 이끌어간다.

책을 읽기 전보다, 아주 조금이나마 변화와 발전을 일으킨다면 그 가치를 매길 수 없을 것이다.

먼저 자기 자신이 좋아하는 분야의 책을 선택해 본인이 책 속의 주인공이 되어 함께 한 권의 책을 만들어나간다면 한 인간의 삶에 작가의 의도를 통해 느낀 점은 배가될 것이다. 또한, 독서의 효과를 높이는 계기가 되며 독서의 시간이 삶에 있어 가장 행복하고 즐거운 순간이 될 것이다. 마음의 양식을 쌓아나가는 큰 그릇을 준비하는 시간이기에 가장 소중한 시간이지 않겠는가.

07

독서를 우선순위에 두어보자

독서란 사람이 밥을 먹고 운동을 하는 것과
똑같은 것이라 할 수 있다.

– 헨리 밀러 –

오늘날 인터넷이나 많은 매체에서 지식과 정보들이 홍수에 이를 정도로 과도하게 쏟아져 나오고 있다. 그래서 정확한 정보를 선택하기가 더더욱 어려운 일이 되고 있다. 예전에 책을 접할 때를 한번 떠올려본다. 서점에 들러 제목을 살펴보며 마음에 드는 책을 골라 구매한다, 가벼운 마음으로 집으로 돌아와 책을 펼쳐 한 몇 장만 읽어본 후 그대로 책장에 꽂게 된다. 이런 책들이 책장에 가득하며 사서 한 번도 읽지 않은 채 그대로 책장에 모셔둔 책들도 많다.

이렇듯 늘 작심삼일을 경험하고 또 반복하게 된다. '나는 책을 잘 못 읽는다.'라고 하며 스스로 자존감을 낮추곤 한다.

나는 처음 독서를 시작할 때 책을 끝까지 읽는다는 것이 매우 부담스러웠다. 평소에 책을 좋아하는 편이 아니므로 '책을 읽는다고 무슨 도움이 되겠어?'라는 생각을 했었다. '독서 외에도 할 수 있는 것들이 얼마나 많은데 꼭 독서를 해야 하나?' 하는 생각이 나의 발전과 성장을 막고 있었다.

직장 생활 속에서도 늘 고객들의 자료나 리스트를 보는 것이 고작이고 월 영업 설치 현황과 설치 진행 과정, 고객들의 사용 제품 5년 만기 리스트, 이것들을 읽는 것이 글을 읽는 유일한 행동이었다. 그리고 그달에 점검과 고객들과 만남이 순조롭게 이루어졌을 때 월 점검 마감이 일찍 끝나는 달에는 같은 동료들과 수다를 떨거나 쇼핑을 한다든지 별 의미 없는 시간을 보내곤 했다.

하지만 남는 시간을 너무 허무하게 보내는 것이 아까웠고 그 시간을 흘려보내려니 왠지 마음 한구석에는 뭔가 불안한 느낌이 들었다. 소중한 시간을 그냥 보낼 수 없어 억지로라도 책을 읽기 위해 노력했다. 하지만 독서의 습관이 들어 있지 않은 상태라 쉽지가 않았다. 그래서 독서도 능동적으로 이루어지지 않고 읽다 말다가를 반복하고 있었다. 나 스스로 주도적으로 독서를 해보지 않았기에 늘 책 한 권을 끝까지 읽지 못한 채 실패를 거듭하곤 했다.

그리고 퇴근해서 집안일을 다 해놓고 책을 읽겠다고 책을 펴면 졸음이 쏟아지고 책 한 장을 넘길 수가 없다. 모처럼 쉬는 날에 책 좀 읽어야지 마음먹으면 생전 전화 한 번 안 하던 친구가 전화 걸어와 만나자고 하고, 그러면 바로 약속을 잡아버린다. 왜? 공식적인 핑곗거리가 생겼고 굳이 즐겁지도 않은 독서를! 이 얼마 만에 누리는 황금 같은 주말을 독서로 보내야 하겠냐며 자신을 합리화하고 있었다.

모든 일을 다 끝내 놓고 독서를 하려니 도무지 한 줄도 읽을 수가 없고 또 모처럼 시간이 나서 책을 읽으려니 책을 가지고 다니지 않아 갑자기 바깥에서 시간이 남을 때 책이 없어 읽지 못하는 이런 아이러니한 상황도 겪게 되었다.

독서는 마라톤이라 생각한다. 마라톤은 처음부터 막 빨리 달리는 경주가 아니라 출발선부터 자기 페이스를 유지하며 꾸준히 달릴 때 지정된 목표까지 도달해 완주할 수 있는 것이다.

독서는 빨리 달리기를 한다는 것이라기보다는 마라톤처럼 꾸준히 페이스를 유지하면서 자기 자신과 하는 싸움일 수도 있다. 독서는 한꺼번에 몰아서 읽는 것보다 매일매일 5분이든 10분이든 이것보다 더 짧은 시간이라도 상관없이 꾸준하게 읽는 것이 좋다. 내가 얼마만큼의 시간 동안 독서를 해야 하겠다는 생각을 가지고 꾸준히 노력하다 보면 시간은 오래 걸릴지는 모르지만 결국에는 자신도 모르게 습관을 들이게 되고 그 습관이 체질이 되어 다음에는 힘 들이지 않고 자연스럽게 독서의 세계로 빠져들 수 있다.

또 독서가 뒤로 밀려나 버리니 제대로 독서를 하지 못한 것에 대한 후회와 그냥 흘려보내버린 시간을 되돌릴 수는 없다는 생각이 들었다. 그래서 일과를 시작하기 전에 책 몇 쪽 읽을 것인지 정하고 집안일도 딱 기본만 하기로 하며 오직 독서에만 집중해보기로 했다.

그리고 어떻게 해서든 하루 독서량을 지키기로 했다.

과거 사업을 하며 동기부여 시간에 독서 토론의 시간을 가진 것이 조금이나마 도움이 되었던 기억이 있어 독서의 습관을 갖게 되었다. 처음에는 독서 습관이 되어 있질 않아 한 장도 읽을 수가 없었다. 어떻게 하지 방법을 찾다가 먼저 책 읽을 시간을 확보해야겠다고 생각했다. 낮에는 고객들을 만나고 데모 시연하고, 고객들과 만남의 자리가 종료되고 집에 돌아오면 밤 10시가 다 되어간다. 그러다 집안일 좀 해놓고, 다음날 식사할 것이라도 준비해 놓으면 밤 12시는 그냥 지나가버린다.

아침 출근 시간 전에 책을 읽자는 생각이 들었다. 매일 9시 30분에서

10시까지 사무실 출근이니까, 아이들을 학교에 보내고 나의 출근 준비 시간과 사무실까지 40~50분 정도 거리를 계산하여 8시 30분에서 9시 사이에는 집을 나서야만 한다. 내가 30분~40분 정도 책을 읽으려면 새벽 5시 정도에는 일어나야 씻고 아이들 학교 갈 준비와 등교하게 하는 것이 가능했다. 그리고 8시 정도, 이 시간에 나 또한 출근 준비가 끝이 나 있어야 30분 ~40분 정도 책을 읽을 수 있는 시간을 확보할 수 있었다.

그리고 고객과 다른 고객 집으로 이동시간이 많은 날은 그 시간을 활용할 수밖에 없다. 이동시간에는 운전 중이라 책을 읽을 수는 없고 대신 누가 읽어주면 들을 수는 있다는 생각이 들었다. 그때는 유튜브 같은 매체가 활성화가 안 되고 있던 시대라 차에서 들을 수 있는 유일한 방법은 테이프나 CD로 듣는 것이었다. 이렇게 책 읽을 시간을 확보해 이동하는 도중에도 책을 읽고 아침 출근 전 30~40분 정도 책을 읽게 되었다.

이렇게 해서 독서 우선순위를 정하고 책을 읽기 시작하니 시간이 그리 많지 않아도 꾸준히 읽게 되고 독서 토론 회의에서도 책을 읽지 못하고 참석하는 그런 어처구니가 없는 상황은 생기지 않게 되었다.

중간중간에 아무렇지도 않게 흘려버리는 시간을 찾음으로 독서의 목표량을 정하고 지킬 수 있었다. 이렇게 독서를 우선순위에 두는 습관을 갖게 되었고 항상 어떻게 하면 책을 한 장이라도 더 읽어볼까 하며 시간을 체크하게 되고, 이제는 주위와 환경의 유혹을 받지 않고 친구들의 약속도 거절할 수 있는 마음의 근육이 생긴 것 같았다. 그래도 가끔은 유혹이 생기면 더욱더 책읽기에 시간을 투자했고, 이렇게 읽은 책에 대한 지식이 쌓여 나의 내면이 풍요로워지는 것을 느꼈다.

이때 기른 독서의 습관이 지금까지 책을 읽을 수 있는 원동력이 되었다. 그러다 이직하여 새로운 일을 익히다 보니 또 시간과 여유가 없어지게 되었다. 이런 환경에서도 독서는 놓치지 않으려고 무척이나 노력했다.

조금이나마 시간이 주어진다면 한 줄이라도 더 읽으려 노력했었다. 독서 시간을 나의 가장 행복한 시간으로 누리고 있다. 독자도 책을 읽기 위해 잃었던 시간을 찾아보라고 권유하고 싶다.

아무리 시간이 없다 하더라도 하루의 일과를 정리해보면 분명 자신도 모르게 사라져버리는 시간을 발견하게 될 것이다. 그런 시간을 찾아 독서를 '우선순위'에 두어보라. 그동안 시간이 없어 책을 읽을 수 없다는 말이 얼마나 형편없는 변명이었는지 깨닫게 될 것이다.

08

먼저 마음이 가는 책을 읽자

남의 책을 많이 읽어라. 남이 고생하여 얻은 지식을 아주 쉽게 내 것으로 만들 수 있고, 그것으로 자기 발전을 이룰 수 있다.

– 소크라테스 –

우리가 직장이나 친구들을 보면 대부분 비슷한 성향이거나, 아니면 서로 좋은 감정이 끌리는 사람과 친구가 되거나 연인이 되기도 한다. 또한 직장동료라도 시간이 흐름에 따라 마음을 터놓고 개인 사정까지 공유하며 가깝게 지내는 사람이 있는가 하면, 딱 거기 그만큼만 하며 선을 긋고 지내는 사람이 있기 마련이다.

내가 지금까지 인연을 이어오는 친구들을 보면, 인연을 맺기 전 처음 만났음에도 이상하게 마음이 편안하고 처음 만난 지 얼마 되지도 않았지만 만난 지 오래된 친구 같은 느낌을 주었던 친구들이 대부분이다. 지금의 나의 친한 친구는 남편 죽마고우의 부인이다. 내가 먼저 결혼을 하고 난 후 몇 년이 지난 다음 남편 친구도 결혼한다고 여자 친구를 소개해준 것이 인연이 되어 실질적으로는 남편들보다 우리가 더 친하게 되었다. 이렇게 성격은 다르지만 뭔지 모르게 서로 끌어당기는 것이 있기에 마음이 하나 되고 만나면 즐겁고 기분이 좋은 친구인가 싶다.

형제간에도 마찬가지인 것 같다. 6남매, 7남매라는 형제가 있어도 모두 다 가깝고 마음이 통하거나 대화가 모두 잘되는 것은 아니다. 그 형제 중에서도 더 가깝고 마음이 통하고 말을 하지 않아도 눈빛만 보아도 무엇을 원하는지 알 수 있을 정도로 통하는 사람이 있다.

내가 식품회사에 근무할 때의 일이다. 그 친구를 편의상 K라 부르겠다. K는 다른 직종에 종사하면서 방학 기간이라 가족 여행 경비를 마련하고자 잠깐 아르바이트로 입사해서 만나게 된 친구이다.

그날 내 담당 부서로 업무가 맡겨져 나와 일을 같이 하게 되었다. 같이 일을 하면서 이런저런 이야기를 하다 보니 나와 나이도 동갑이고, 자녀도 둘이 있고, 생각과 성향이 비슷해서 대화가 잘 통하고 그 자리에서 친구가 되어버렸다. 이렇게 만난 친구가 지금까지도 자주는 못 만나지만 가끔 통화도 하고 서로 만나서 마음을 나누기도 한다.

사람들 대부분은 책을 구매하러 서점을 방문하면 무엇부터 보면서 구매하겠다는 결정을 할까?

바로 제목이다. 그 제목이 마음에 들든지 마음이 이끌리든지 무엇인가 자신을 끌어당기는 것이 있기에 눈에 들어오게 되어 책을 구매하게 되는 것이다.

오래전에 한 아이로 인해 자극을 받아 독서를 시작하게 되었다. 그때도 책을 읽어보려고 서점에 갔었지만 무슨 책을 선택해야 할지 몰랐다. 책 제목을 '쭈욱 ~' 살펴보며 나와 맞는 책이 어디 있을까, 나를 독서로 이끌어주는 책이 어디 있을까 하며 살펴보던 중 한 책이 나의 눈과 마음에 확 꽂혔다. 이 책으로 나의 독서는 본격적으로 시작이 되었고, 책에 대한 선입견도 버리게 되면서 책을 향한 좋은 인상을 심게 되었다.

이 책을 읽고 난 후 작가를 한 강연장에서 만나게 되니 더 믿음과 신뢰가 가게 되었다. 작가의 삶이란 정말 멋지고 한 사람의 인생을 살릴 수도 있다는 생각을 하게 되었다. 그러나 작가는 아무나 되는 것이 아니라고 생각을 했기에 내가 작가가 된다는 생각은 꿈에서조차 하지 못했었다.

이토록 마음이 끌리는 책을 선택하자. 그것은 나와 일맥상통할 수도 있고 나의 삶을 바꿔줄 하나의 큰 도구가 될 수도 있다. 지금 작가의 모습이 되기 전에 나는 가슴 떨리는 한 권의 책을 만났다.

지금 <한책협>을 운영하고 계시는 김도사님의 『김 대리는 어떻게 1개월 만에 작가가 되었을까?』라는 책으로 나는 독자에서 저자의 인생을 살게 되었다. 김도사님은 <한책협>을 운영하시며 2020년 책 쓰기의 브랜드 대상을 받았고, 책 쓰기 코칭의 제1인자로 많은 이들로부터 추앙받고 있다. 올 2021년도 연말에는 미국 진출까지 준비하고 계신다. 그동안 250권의 책을 펴내었고 작가들을 1100여 명 이상을 양성하고, 또한 1인 창업을 통해 그들의 인생 2막을 열어준 분이시다.

나 또한 책 한 권으로 이런 큰 분을 만났고, 그분은 나의 인생의 멘토요 스승이며 나의 삶에 큰 획을 긋게 만들어준 분이시다. 나는 이 책을 읽을 당시 경제적으로, 심리적으로 너무나 힘든 상황이었고, 늘 하나님께 기도하며 나의 한계를 뛰어넘을 수 있는 일이 무엇이 있을까 하며 찾고 있을 때였다.

이렇게 기도의 응답으로 나는 한 권의 책을 통해 김도사님을 만나게 되었고, 또한 작가의 꿈을 꾸게 되었고, 원고를 쓰면서 나의 꿈이 정말 작가였음을 알게 되었다.

지금 이 책을 읽고 있는 독자도 정말 마음이 가는 한 권의 책을 만남으로써 당신에게 인생 역전의 기회가 주어질 수 있다는 사실을 잊지 말기 바란다.

나는 하나님을 믿는 하나님의 자녀이지만 여기서 부끄러운 믿음의 고백을 하려 한다.

나의 삶을 돌아보면 정말 암울한 삶이었고, 배가 고프지만 어릴 적에 한 번도 배불리 먹은 기억이 나질 않는다. 늘 나는 음식 앞에서 옛날 어른들 말에 의하면 껄떡거린다는 말을 많이 들었다. 그러다 소녀 가장이 되어 일찍부터 직장 생활을 했기에 나의 속에는 온통 불만과 불평이 가득 차 있었다.

그러니 나도 모르게 아집과 편견으로 우물 안 개구리처럼 나만의 생각에 갇혀 살고 있었고, 부정적인 마인드가 나의 뇌리에 자리 잡고 있었다. 하루는 나의 입에서 나오는 말을 유심히 관찰하기 시작했다. 나의 입에서 나오는 말이 온통 안 된다, 못 한다, 할 수 없다, 돈이 없다, 모든 것이 없다 등과 같은 말들이었다.

이 부정적인 생각이 나도 모르는 사이에 각인이 되어 나를 온통 짓누르고 있었다. 한마디로 나를 말린 오징어처럼 만들어버리기 직전의 생지옥을 살고 있었다. 하나님의 자녀인 나 자신은 온데간데없이 사라지고 삶의 굴레에서 벗어나지 못하는 삶을 살아왔다. 김도사님은 유튜브에서 "하나님은 천지창조를 하셨는데 하나님 자녀인 우리는 왜 가난하게 살아야 합니까? 하나님은 그것을 원하지 않으십니다."라고 말씀하셨다. 나는 몽둥이로 머리를 한 대 얻어맞은 기분이었다.

목사님이 설교 시간에 '부정적인 생각 하지 마라, 하나님을 믿고 그 믿음으로 나아가라, 말씀 붙잡고 성취의 기대감으로 하나님이 어떻게 이루어 가시는지 증인이 되어라. 하나님의 자녀는 자녀답게 그 배경과 신분을 누려라.'라고 수도 없이, 귀에 딱지가 앉도록 하신 말씀이다. 그런데 정작 나는 정말 하나님의 자녀인 왕족의 신분임에도 그것을 깨닫지 못하고 거지의 신분으로 살아왔다고 생각하니 눈물이 앞을 가렸다.

내가 정말로 깨닫지 못하니 하나님은 이런 영상으로도 나를 깨우치게 하시는구나 싶은 생각에 김도사님과, 하나님의 은혜와 사랑에 감사할 수밖에 없었다. 이처럼 나는 한 권의 책으로 또는 영상으로 깨달음을 얻고 다시 언약으로 들어가게 되었다.

하나님의 자녀인 신분과 권세를 회복하고 천지 만물을 창조하신 창조주가 나의 아버지이심을 확실히 믿고 나는 그분의 상속자이기에 이미 모두 다 받았음을 확신하고 이제는 누림에 집중하고 있다.

이 세상에는 여러 각도로 사람들이 깨닫게 되는 도구들이 많다. 또는 실망하였다가도 다시 희망을 꿈꾸게 되고, 어느 하나도 소홀히 여길 수 없는 것들이 많다. 이제 독자도 마음이 가는 책을 읽기를 바란다.

"책을 베고 자지 말고 팔꿈치로 괴지도 말라. 술 항아리를 책으로 덮어서도 안 되고, 먼지를 털어 청소하는 곳에서는 책을 펴보지도 말라."

– 이덕무

하루 10분
책읽기가
삶의 강력한
무기가 된다

5장

나는 책으로 제2의 인생을 살게 되었다

01

독서력이 미래를 결정짓는다

한 권의 책을 읽음으로써 자신의 삶에서
새 시대를 본 사람이 너무나 많다.

– 헨리 데이비드 소로우 –

지금 현재 우리가 살아가고 있는 세상은 하루가 다르게 변화하고 있음을 모두가 알고 있을 것이다. 과거 어른들께서 말씀하신 것처럼 좋은 대학교를 나온다고 해서 취업이 되는 때가 아니다. 변화하는 세상에서 도태되지 않기 위해 현직에 있을 때 미래를 준비해야 한다. 많은 사람이 직장을 다니면서 미래의 걱정은 하고 있다. 하지만 걱정만 할 뿐이고 행동을 하지 않는다.

나 역시 과거에는 꿈과 미래와는 거리가 먼 사람이었다. 나는 책 한 권 읽지 않고 세상을 살아오면서 아집과 편견의 골수분자로 살아왔다. 남의 말을 들으려 하지도 않을뿐더러 내 말과 생각이 다 옳다고만 여겼기에 나의 말이 반영되지 않거나 나의 뜻이 전달되지 않으면 화가 치밀어 오곤 했다.

이렇듯 사람이 앞뒤가 꽉 막히면 답답한 삶을 살아가게 된다. 그렇게 살다 보면 주위 사람들도 나를 멀리하게 되고 만나기를 꺼리게 되며, 세상에서 서서히 도태되어 가고 있는 자신의 모습을 깨닫지조차 못하게 된다. 이렇게 자아도취에 빠져서 살아가다 결국에는 우물 안 개구리 신세가 되고 만다.

사람들은 날마다 수천 가지의 생각을 하고 있고, 그 생각을 반복할 뿐 새로운 생각을 하는 것은 매우 드물다. 이것이 어제와 같은 하루하루를 살아가는 나의 삶이었다.

수천 개의 새로운 생각과 수천 개의 낯선 것들을 나의 삶과 잘 조율한다면 항상 평범하기만 했던 삶에서 벗어날 수 있을 것이다.

나는 지난 과거에 4개국(영국, 프랑스, 이탈리아 등) 유럽여행을 떠난 적이 있다. 유럽여행은 처음 가는 터라 모든 것이 낯설었다. 첫째는 언어부터, 음식, 문화, 사고, 시차, 생활 패턴에 이르기까지 모든 것이 낯설었다. 그러나 새로운 것과 만나는 것이기에 일상에서 벗어나는 것이고, 새로운 생각이 가능하다는 것을 여행을 통해 깨달았다.

수천 권의 책을 통해 여행을 떠날 수도 있고, 경제적으로나 시간과 공간의 제약도 받지 않는다. 수천 년 전의 사람도 만날 수 있고, 지구 반대편의 사람을 만날 수도 있다.

우리가 한 권의 책으로 독서를 멈춰서는 안 되는 이유는 많을 것이다. 수많은 작가가 있지만 아무리 훌륭한 작가라 하더라도 세상의 지혜를 모두 지니고 있을 수는 없기 때문이다.

한 권의 책에 담아낼 수 있는 내용에는 한계가 있기 마련이다. 작가의 생각을 온전히 글로만 전하는 것은 어려운 것이다.

변화의 시대에 맞추어 끊임없이 쏟아져 나오는 정보와 지식을 놓치지 않기 위해서는 두세 권의 책으로도 부족하다.

우리의 인생사에서 수많은 인생이 각자의 경험과 지식, 지혜를 지니고 있다. 이런 지식과 지혜를 얻기 위해서는 어떻게 해야 할까?

국립중앙도서관에는 2016년도를 기점으로 1,039만여 권의 자료가 소장되어 있다. 그리고 프랑수아 미테랑 국립도서관, 일본 의회 도서관, 미국 국회도서관, 이 모든 도서관에서 보유하고 있는 수천수만 권 이상의 책들을 정확히는 알 수 없지만, 세상에 하루 동안 엄청난 책들이 쏟아지고 있다. 이 수많은 책 중 불과 수십 권의 책을 읽었다고, 수백 권의 책을 읽었다고 책을 통해 세상의 지혜를 깨우쳤다고 자신 있게 외칠 수 있는가?

책을 많이 읽어야 한다는 부담감은 분명 가지고 있을 것이다. 이것이 뿌리 깊게 박혀버린 독서에 대한 고정 관념 때문이라고도 볼 수 있다. 다양한 책을 많이 읽는다는 것은 각각 다양한 생각을 하는 저자와 폭넓게 만난다는 것이다.

200~300권 정도의 책을 집중적으로 읽게 되면 인생의 새로운 습관이 만들어진다.

나는 술을 끊었다. 그리 많은 책을 읽지는 못했지만 나름대로 책을 읽는다고 읽으니 독서가 몸에 배어 있게 되고 독서로 인한 뇌의 근육이 강화되어 절제심이 향상되었다. 또한, 독서가 주는 신선한 지식과 즐거움으로 술자리에는 별 재미를 느끼지 못하게 되고 참석하지 않게 되었다.

신선하고 새로운 경험을 간접으로 느끼고, 체험하는 그 순간이 행복하고 즐거운 마음이기에, 또한 맑고 깨끗한 상태를 유지하는 것에 익숙해지자 뇌의 감각을 지나치게 자극하는 TV도 보지 않게 되었고, 노래방도 스스로 가지 않게 되었다.

이제는 무엇인가 발전되는 것을 하지 않고 시간을 까먹는 행동을 하고 있으면 왠지 불안해진다. 그러면 나는 바로 나의 행동에 대해 점검에 들어가서 무엇을 하지 말아야 하고 무엇을 해야 하는지 찾게 되었다.

이러한 행동들의 습관이 독서로 인해 만들어졌다. 늘 나 자신을 위해 배우고, 발전해 앞으로 나가는 삶으로 바뀌어가고 있다.

『네 안에 잠든 거인을 깨워라』를 쓴 앤서니 라빈스는 세계적 초우량 기업인 IBM, AT&T, 아메리칸 익스프레스 등 〈포천(fortune)〉 선정 500대 기업 CEO들과 미국 상하원 의원과 미군 장성들, 그리고 빌 클린턴, 조지 부시 같은 대통령들까지도 필수적으로 찾는 금세기 최고의 강연가이자 조언가이다.

그는 자기계발과 성공학에 관련된 700권의 책을 읽었고, 그 결과 호텔 청소부에서 하룻밤 강연료가 10억이 넘는 스타 강연자가 되었다고 한다.

이렇듯 한 권의 책에 하나의 세계가 담겨 있는 것처럼 끊임없는 독서를 통해 한 사람의 미래가 결정되고 인생의 변화가 이루어질 수 있다.

"독서는 사람의 타고난 기질과 성품을 변화시킬 뿐만 아니라, 정신과 지혜까지 닦고 기를 수 있도록 해준다."

– 허균

예전에 여름 휴가로 바닷가에 놀러 갔었다. 바닷가의 그 부드러운 모래로 집짓기 놀이를 하고 있었다. 손을 깊숙이 넣어 최대한 단단하게 짓는다고 꾹꾹 눌러 지어보았지만, 바닷물이 한번 휩쓸어 가버리니 흔적도 없이 무너지고 말았다.

이와 마찬가지로 큰 건물을 짓기 위해서는 토대가 튼튼해야 한다. 그렇지 않으면 모래 위에 집을 짓는 것과 같다.

꾸준한 독서야말로 큰 건물을 짓기 위한 최고의 기초 공사이다. 우리의 삶에서 가장 필요한 기초 공사는 인격과 품격을 갖추는 것이며, 그것은 오직 독서를 하는 사람만이 가능하다.

독서로 앞으로의 미래를 결정짓는 원동력을 모두가 얻게 되는 날이 오기를 간절히 원하는 바이다.

02

지금 읽고 있는 책이 당신의 미래이다

독서가 오늘의 나를 있게 했다. 책을 통해 받았던 위안과 은혜를
사람들에게 되돌려주고 싶다. 책은 삶에 희망이 있다는 것을 나에게 가르쳐주었다.

– 오프라 윈프리 –

나는 이른 나이에 직장 생활을 시작하였다. 많은 직업을 거쳤고 다양한 경험을 해보았다.

최장 근무 기간은 7~8년 정도였다. 이 정도 주기가 되면 이상하게 이직을 하게 되고 또 다른 회사에 가게 되어 또 그곳에서 새로운 일을 익혀야 했다.

직장을 많이 옮겨 다닌다고 좋을 것은 없지만 어느 정도 근무를 하다 보면 그 일이 질릴 때도 있고 어느 순간에 그 일이 꼴도 보기 싫을 때도 있다.

이렇듯 전문 직종은 아니지만 한 달에 150~200의 월급으로 그나마 안정된 것이라 착각하면서 살아왔다. 한참을 직장을 다니다 보면 늘 다람쥐 쳇바퀴 도는 것 같다고 느끼며 살아왔다. 별다른 직장도 구할 수 없었을 뿐더러 늘 갑과 을의 차이만 있을 뿐, 나의 시간과 돈을 바꾸는 인생이 뭐 얼마나 달라지겠는가 하고 체념하며 나의 미래에 대해 생각할 겨를도 없이 시간에 쫓기며 살아왔다.

아무것도 보장되지 않는 삶에서 나는 행복함과 희망으로 가득 차게 살고 싶었고, 새로운 나의 모습과 기대되는 미래의 모습을 그림으로 그려 상상의 날개를 펼쳤을 때 심장이 뛰었다.

그 상상한 모습이 미래가 아니라 지금 내 모습이었으면 좋겠다. 안정적인 삶을 뒤로한 다는 것에 부담감과 두려움은 있었지만 남들과 다른 선택으로 미래를 위해 도전을 해야겠다고 결심했다.

요즈음 청년들은 대기업이나, 공무원에 들어가야만 안정된 직장이라 생각을 한다. 청년들이 안정된 직장을 구하기 위해 경쟁률 높은 공무원 직종을 선택한다. 합격 커트라인은 높지만 어쩐지 안정될 것 같은 느낌이 드니 그쪽으로 몰려드는 것이다. 그에 모든 시간과 힘을 쏟아붓고 있다.

청년들의 취업대란이라 대학원을 나와도 취직이 쉽지 않은 현실이다.

박사, 석사 학위를 따서 전문 직종에 취직을 해보려고 애쓰고 언제 써먹을지도 모르는 토익과 여러 가지 자격증들을 따며 취업 공부를 위해 얼마나 많은 시간을 낭비하고 있는가.

이런 노력이 있음에도 불구하고 취직하지 못하고 백수로 지내고 있는 청년들은 공직 쪽 또는 대기업에 취업만 하면 모든 미래는 준비가 되어 있을 것 같은 마음을 가지고 있을 것이다. 취업해서 들어가면 모든 세상을 다 얻은 기분일 것이다.

막상 취업해서 그 현장에 깊이 들어가보면 생각지도 못한 것들을 알게 되고, 때로는 실망과 회의를 느끼기까지 하며 평생 이 일을 하고 살아야 하나 싶을 정도로 실망에 실망을 거듭할 수도 있다. 차라리 그 시간을 책을 읽고 미래를 상상하고, 노력해 달려왔더라면 지금의 모습들은 조금씩 달라져 있지 않았을까 하고 생각을 해본다.

지금에 와서 독서를 할 때 늘 느끼는 점이다. 책을 쓰는 사람들은 세상의 기준을 따라가는 것이 아니라, 자기의 기준을 세우고 멋진 미래를 준비해나갔다. 이 사람들을 보면 정말 시샘이 날 정도로 부럽기도 했다. 하지만 덕분에 자신의 삶을 주체적으로 나답게 살아간다는 것이 무엇인지 확실히 깨달을 수 있었다.

자신들의 꿈과 미래를 향해 흔들림 없이 전진해나가는 모습들을 보면서 정말 대단하고 존경스럽다. 그들을 보며 내게 필요한 것이 무엇이며 무엇을 보완해야 하는지 알게 된, 제대로 나 자신을 바라볼 수 있는 시간이었다. 그런 시간을 보내면서 책을 통해 많은 깨달음을 얻게 되었다.

그들은 세상에 흔들리지 않았고 자신만의 신념으로 나아가기 위해 겪었던 과정과 노력의 순간들이 있었기에 지금의 자리에 있는 것이다. 오직 자기 자신만을 변화시키겠다는 내면의 힘을 발휘한 것이 아니겠는가. 많은 사람이 자신이 원하는 목표대로 성공하지 못하는 이유는 스스로 자기 자신에게 한계를 긋기 때문이라고 말을 한다.

나 역시도 마찬가지로 스스로 나의 한계를 긋기도 하며 살아왔고 늘 중요한 순간에 그 한계를 느끼고 포기하며 살아온 인생이었다. 누구나 위대한 사람이 될 수는 있지만, 스스로 내면에서 생기는 부정적 생각과 마음이 자신의 계획에 따라 앞으로 나아가지 못하게 하는 것이다.

이런 삶을 더는 살지 않기 위해 독서를 시작했지만 익숙하지 않던 독서를 하기란 쉽지가 않았다.

독서에 대한 나의 한계를 뛰어넘기 위해 많이 노력했었다. 처음에는 욕심이 생겨 많이 읽으려고 했지만, 힘이 들어 바로 며칠 못 가 끝나버렸다. 다시 시도하며 조금씩 지루하지 않게 5분, 10분으로 시작을 했다. 더 더욱 중요한 것은 매일매일 쉬지 않고 읽는 것이다. 이렇게 독서에서는 나 자신과의 싸움에서 승리를 했다.

독서를 통해 나는 나의 운명을 바꿀 한 책을 만났고, 그 책을 통해 나의 미래가 바뀌었고, 꿈이 생겼고 그 꿈을 이루었고, 더 높은 꿈을 향해 달려가고 있다. 나는 나의 꿈이 성취되는 것을 상상하면 너무 행복해지고, 가슴이 떨린다.

나도 이러한 삶을 살 수 있다는 것이 꿈만 같고 나도 도움을 받는 사람이 아닌 다른 사람을 도우며 살 수 있고 힘든 사람을 영적으로나 육체적으로 도와줄 수 있는 위치에 서 있다는 사실이 너무 행복하고, 가슴 떨린다.

내가 알고 있는 한 지인은 어렸을 때부터 가정 형편이 어려웠었고 또한 건강까지 좋지 않아 툭하면 쓰러지는 바람에 늘 친구들에게 놀림을 받았다. 그러니 정상적인 교육을 받지 못했고, 가정 형편 때문에 가족들의 생계를 책임져야 했다. 한 직장에서 꾸준히 일하지 못하는 이유는 자주 쓰러지는 병(간질)이 있었기 때문이다. 회사 측에서도 잘못하면 다친다고 계속 근무하는 것을 꺼렸다. 그러면서 퇴사 권고를 받았다.

또 다른 회사를 구해야 했다. 참 감사하게도 한 수녀님을 통해 병에 대한 약을 알게 되었고 복용한 후 깨끗하게 나을 수 있었다고 한다. 또한, 그는 큰 교통사고로 자동차 밑으로 들어가 3m나 끌려가게 되는 과정에서 팔, 다리, 얼굴 부분이 3도 이상의 화상을 입게 되고, 쇄골이 있는 부분을 120바늘을 꿰매야 하는 부상을 얻었다. 그는 이런 고통스러운 삶을 더 살고 싶지 않다는 생각을 하고 있었다.

그러다 어느 날 우연히 책 한 권을 만났다. 아주 오래된 책이었다고 했다. 그 책은 사법고시를 준비하는 과정에서 심리적으로 겪은 고통스러움, 자신과의 싸움, 꿈을 향해 도전하는 마음, 때로는 외로움과 싸움에서 포기하지 않고 끝까지 도전해 결국 고시 합격의 영광을 얻어내는 삶을 그린 책이었다고 한다.

그 책을 읽고 다시 공부를 시작할 것을 결심했다고 했다. 본인은 정상 교육을 받지 못했기에 초등 검정고시부터 하나하나 배움의 꿈을 펼쳤고 대입 과정과 전문대까지 마치면서 고시를 준비하려 했다. 하지만, 그것은 시간이 너무 많이 걸릴 것 같고, 나이도 고려해야 했고, 무엇보다 안정된 직장에 들어가 제대로 사람답게 살아보고 싶어 공무원 시험을 준비하게 되었다고 했다. 그는 열심히 공부해 지금 현재 6급 공무원으로 근무하고 있다.

한 권의 책을 만나지 못했다면 그는 극단적인 행동을 선택하거나 아님, 노숙자가 되었거나 둘 중의 하나의 삶을 살고 있을 것이라고 했다. 그는 한 권의 책을 통해 그다지 큰 성공은 하지 못했지만, 그때의 본인의 상황에서는 미래가 180도로 바뀌었다고 아주 행복한 미소를 지으며 감사했고 그 한 권의 책이 주는 소중함을 잘 알고 있었다.

이렇듯 작가의 삶이란 자신도 모르게 본인의 책으로 사람을 살리는 삶이다. 이런 것을 보면 어찌 책에 대한 가벼운 마음만을 품겠는가! 이 한 권의 책이 한 사람의 인생을 바꿀지도 모르는 것이기에….

지금 당신은 어떤 책을 읽고 있는가? 지금 읽고 있는 책이 당신의 미래가 될 수 있고 그 미래를 바꿀 수 있다.

03

나는 독서를 통하여 주도적인 삶을 살게 되었다

당신 삶의 주인이 돼라. 인생을 살아가는 법칙이 간단해지고
외로움, 배고픔, 연약함을 초월할 수 있다.

– 헨리 데이비드 소로 –

우리가 어느 곳에 가든 가만히 있어도 후광이 비치는 사람들이 있다. 그런 사람들을 보면 '어떻게 하면 저렇게 가만히 있어도 빛이 날 수 있을까?' 하며 부러운 마음도 들고 스스로 주눅이 들 때도 있었다. 그렇지만 성공자들을 보면 나도 성공하고 싶다는 생각, 저들처럼 되고 싶다는 생각이 떠나질 않았다.

성공한 사람과 나와의 차이점이 무엇일까? 나의 처지에서 보면 여러 가지로 아주 다르다. 하루를 시작하는 첫 시간부터 시간개념에서부터, 끊임없이 배움의 끈을 놓지 않는 모습들까지 참으로 경이로울 정도로 존경스럽다.

이미 많은 성공자가 있지만, 우리가 가장 잘 알고 있는 미국의 기업인이 있다. 마이크로소프트 기술고문이자, 마이크로소프트 공동 창립자이면서 하버드 대학 응용수학 전공 중퇴를 하고 2007년 하버드대학교 명예법학박사까지 되었으며, 인터넷 제국의 회장인 빌 게이츠다. 그는 눈코 뜰 새 없이 바쁜 일정임에도 독서의 끈을 놓지 않고 있다.

그는 대략 1년에 50여 권의 안팎의 책을 읽고 반드시 종이에 인쇄된 책으로만 읽는다. 그는 책을 읽은 후 감상을 책 가장자리에 기록하거나 책을 읽은 후 그 느낌을 지인들에게 이메일로 보내기도 한다.

그는 어린 시절부터 독서의 광이었던 터라 부모님들과 저녁 식사 시간에 책을 읽지 않기로 약속까지 할 정도였다. 그는 사업에 아이디어와 중대한 결정을 내릴 때는 1년에 두 차례는 반드시 생각 주간을 가지고 그 시간에 많은 중대한 결정과 창의적인 아이디어를 발굴해내곤 한다. 그 작품이 온라인 비디오 게임 시장에 진출하게 되었다.

이처럼 배움의 길을 놓치지 않고 무한한 발전을 위해 끊임없이 책을 읽는 노력이 있기에 성공할 수밖에 없지 않겠는가. 그는 끊임없는 노력으로 경주해 당당히 브랜드 업계에서 1위 자리를 차지하며 주도적으로 사업을 이끌어가고 있다.

그러고 보면 참 성공자도 이렇게 끊임없이 독서의 끈을 놓지 않고 독서에서 모든 사업 구상과 아이디어를 찾아내는데 나는 무슨 강심장으로 독서 하나 하지 않고 내심 잘되기를 바랐는지 새삼 부끄러웠다.

오직 다람쥐 쳇바퀴 돌듯이 인생을 살아가면서 책을 읽지 않던 시절에는 금 같은 시간을 무의미하게 보내버리고, 하루 24시간을 직장 가서 일한 시간 외에는 정말 잠자는 시간, 먹는 시간, TV 보는 시간으로 때웠다.

그러다 독서의 참맛을 알게 되었고 독서를 통하여 실천하고 행동하는 삶으로 살아가니 나의 삶이 송두리째 바뀌게 되었다. 독서를 통해 나의 지식의 창고에 차곡차곡 지혜가 쌓여갈 때 희열을 느낄 때도 있다.

옛적에는 나의 입장이 상대편으로 끌려가는 처지이었다면 이제는 독서를 통해 모든 면에서 주도적인 역할을 하며 살아가게 되었다.

독서로 인생 2막을 준비하는 것은 나에게는 엄청난 큰 모험이고 도전이었다. 한 번도 걸어가보지 않은 길을 걸어가려니 많은 두려움이 엄습해왔고 내가 해낼 수 있을까 하는 두려움이 컸다. 그렇다고 딱히 내 인생을 바꿀 별다른 방법이 없었기에 만약 내가 여기서 두려움 때문에 '아무 일도 시도하지 않는다면 아무 일도 일어나지 않는다.'라는 것을 알기에 죽을 각오로 한 발을 내딛기 시작했다.

거북이처럼 너무나 느리지만 한 발 한 발 내딛다 보니 어느 순간에 내가 바라던 꿈이 현실이 되어 독자에서 저자로의 길을 걷게 되었다. 나는 이 작가의 꿈을 발판으로 삼아 내가 원하는 원대한 새로운 꿈을 향해 또다시 도전할 것이고, 두려움은 행동하지 않기에 찾아오는 장애물에 불과하다는 깨달음을 잊지 않을 것이다. 행동함으로 두려움은 언제 사라지듯 사라져 버리는 것임을 나는 이번에 알게 되었다.

"신문팔이와 구두닦이로 10대 시절을 보낸 카네기는 평소 그의 성실한 모습을 눈여겨본 지인의 소개로 전신소에 취직한다.

어느 날 카네기가 일하던 전신소로 급한 메시지가 왔다. 그런데 하필 전신기사들이 모두 바빠 메시지를 수신할 사람이 없었다. 마침 그 자리에 있었던 카네기는 그동안 익혀두었던 기술로 메시지 수신을 해냈다. 이것이 계기가 돼 그는 전신기사로 보직을 바꾸게 됐고 관리자로 성장하는 발판을 마련할 수 있었다. 전신소 일을 하면서 사귄 저명한 명사들의 도움으로 철도 사업에 나섰고 이후엔 철강업으로 무대를 넓혔으며 미국 최고의 갑부로 올라섰다."

– 이상훈, 『1만 시간의 법칙』

만약 카네기가 전신소의 사환으로 근무하면서 전신 기술을 익혀두지 않았다면 갑자기 찾아온 기회를 그대로 날렸을 것이고, 훗날 철강왕으로 발돋움할 결정적 기회들을 잡지 못했을 것이다.

이처럼 카네기는 자기의 능력을 한 치수 크게 준비한 결과 인생 터닝 포인트의 기회를 잡은 것이다. 또한, 나는 평범한 직장에서 근무하며, 스펙도 없고, 인맥도 없지만, 나의 능력보다 한 치수 크게 준비함으로써 작가의 인생을 걸어가게 되는 것이다. 독서와 실천으로 새로운 삶을 시작하지 않았다면 지금의 나는 아무런 일이 일어나지 않는, 아주 익숙한 삶에 젖어 그냥 그렇게 살아가고 있었을 것이다. 지금 나는 나의 인생을 주도적으로 이끌어가는 삶을 살고 있다.

"나무는 싹을 틔운 순간부터 위로 자란다. 줄기와 가지의 구별이 분명하지 않은 떨기나무를 제외하고 모든 나무는 죽는 순간까지 해를 바라보며 오직 하늘을 향해 뻗어 나간다. 이때 중추적인 역할을 하는 것이 바로 우듬지다. 우듬지란 나무의 맨 꼭대기에 있는 줄기를 말하는데, 곧게 자라는 침엽수의 경우 하늘을 향해 수직으로 자라면서 아래 가지들이 제멋대로 자라는 것을 통제한다. 우듬지 끝이 한 마디쯤 자라고 나서야 아래 가지도 뒤따라서 한마디 자라는 식이다. 하늘을 향해 곧추선 우듬지를 보면 우듬지의 끝 눈이 아래에 있는 가지들에게 하는 말이 들리는 듯하다. '답답하겠지만 조금만 참아, 내가 위로 좀 더 자라야만 우리 모두 건강하게 성장할 수 있어.'"

– 우종영, 『나는 나무에게 인생을 배웠다』

이렇듯 우듬지가 구심점 노릇을 해주어 나무는 자라는 동안 일정한 수형을 유지할 수 있다. 침엽수들이 원뿔꼴로 길고 곧게 자랄 수 있는 것은 줄기 꼭대기의 우듬지가 아래 가지들을 강한 힘으로 통솔하기 때문이다.

'사람으로 말하자면 꿈이나 희망을 말한다.'

사람은 꿈이나 희망 등 살아갈 이유가 있어야만 삶의 크고 작은 문제들을 이겨내며 앞으로 나아갈 수 있다. 우리가 살아갈 이유와 방향은 누구에게나 필요한 요소이다.

우리가 살아가는 데 있어 꿈도 목표도 희망도 없다면 살아가는 데 재미가 없어지지 않겠는가. 이럴 때 무언가 등대 역할을 해줄 구심점이 필요하다. 그 어떤 경우에도 한눈팔지 않고 하늘을 향해 씩씩하게 뻗어나가는 나무에 우듬지가 있는 것처럼 말이다. 지금 이 책을 읽고 있는 독자에게 묻는다.

"당신의 우듬지는 무엇인가?"

어떤 이에게는 어릴 적 못 이룬 꿈이 될 수도 있고, 또 어떤 이에게는 사랑하는 가족이 될 수도 있고, 또 어떤 이에게는 아주 소박한 행복이 될 수도 있다. 그것이 무엇이든 살아갈 이유가 된다면 어려움을 딛고 일어설 수 있는 원동력이 될 것이다.

내 안의 우듬지가 얼마나 선명하냐에 따라 지금 당장 오늘 하루하루가 모여 10년 뒤의 나의 모습이 변화되어 있을 것이다. 그러나 나의 우듬지를 아직 찾지 못하였다 하더라도 너무 초조해하지는 말자. 지금부터 찾고 만들어가면 된다. 이 독서를 통해 나의 삶을 바꾸고 주도적인 삶을 살아가는 것처럼 지극히 평범한 사람인 나도 해냈기에 분명 당신도 해낼 수 있다. 오직 당신만의 우듬지를 찾아 당신의 삶을 주도적으로 이끌어가길 바라며 만약 그것이 힘들다면 나에게 연락하기 바란다. 당신이 우듬지를 찾는 데 조금이라도 힘이 되어줄 것이다.

04

커피 한 잔과 여유 있는 독서는 최고의 행복이다

행복의 비밀은 자신이 좋아하는 일을 하는 것이 아니라,
자신이 하는 일을 좋아하는 것이다.

– 앤드류 매튜스 –

"사람들은 가장 소중한 것을 멀리서 찾으려 합니다. 여러분은 자신에게 가장 소중한 것이 무엇일까, 하고 생각해본 적이 있습니까? 가진 것이 그리 넉넉하지 않아도 행복하게 살아가는 사람들도 많습니다. 행복을 외부에서 찾으려 하지 않고 자신의 마음속에서 찾았기 때문입니다. 삶을 살아가는 데 있어 무엇보다 마음이 가장 중요합니다. 어떤 마음의 자세로 하루하루를 살아가느냐에 따라 미래가 달라질 수 있기 때문입니다."

– 김도사, 『하루 10분 글쓰기의 힘』

꿈은 모든 사람에게 자극을 주고 의욕을 불어넣는다. 꿈을 가진 사람

은 모든 열정을 다해 꿈을 현실로 만들려고 노력을 한다. 그렇게 목표를 달성하고 나면 사람들은 행복감에 젖어 든다. 그 달콤함을 맛본 후에는 그 상태에 안주하고 싶어지는 것은 사람이라면 당연하다. 또다시 힘든 과정을 거쳐 다른 꿈을 이루고 싶다는 의욕이 사라지는 탓인지도 모른다.

성공자들에게는 꿈이란 양파와 같다. 양파 껍질을 벗기면 또 다른 껍질이 나오듯 꿈을 실현하면 또 다른 꿈을 향해 도전하고, 결국, 최고의 자리에 오르게 된다.

이렇듯 우리도 하나의 꿈을 이루고 나면 새로운 꿈을 향해 재도약하는 삶을 위해 독서로 준비를 해보자.

마음은 현실을 만들어내는 원동력과 같다.

바로 지금, 이 순간 어떤 마음으로 살아가느냐에 따라 미래가 달라진다.

지금 당신의 마음은 어디를 향해 가고 있는가?

토요일이라 마음도 여유롭고 모처럼 날씨가 화창했다. 따끈따끈한 가을 하늘의 높고 푸른빛 속에 내리쬐는 햇볕으로 일광욕하고 싶고 사랑스럽게 바라보며 온 마음으로 품고 싶은 하루다.

코로나로 카페에 사람이 없을 줄 알았는데 앉을 자리가 없을 정도로 붐비고 있었다. 사람들이 여가를 즐길 만한 곳이 마땅치 않아 카페로 모인 것 같다. 물론 안전수칙을 지키며 말이다.

사람들이 무엇을 하나 싶어 둘러보니 노트북으로 열심히 무언가 하는 사람, 책 읽는 사람, 수다를 떠는 사람, 업무상 일을 하는 사람 등 여러 가지 다양한 모습으로 다들 바빠 보였다.

나는 체질상 블랙커피는 그리 선호하는 편이 아니어서 카페는 잘 가는 편은 아니다. 누군가와 중요한 약속이 있다든가 하면 불가피하게 가는 곳이 카페이다. 하지만 오늘은 왠지 카페에서 커피 향을 맡으며 차 한 잔의 여유로 독서와 원고 쓰기로 작가의 품격을 만들어가고 싶다. 차 한 잔을 시켜놓고 독서를 하기 위해 책을 펼쳤다.

참으로 이 얼마 만의 여유인가 싶을 정도로 마음이 편안하고 그 어느 때보다도 여유로웠다. 이렇게 날마다 살 수만 있다면 하는 생각이 들었다. 날마다 차 한 잔과 여유 있는 독서로 최고의 행복을 누릴 수 있음에 오늘도 감사한다. 독서 전의 삶으로 한번 돌아가보자. 그때는 시간만 나면 내가 좋아하는 드라마 삼매경에 빠져든다. 참 아이러니하게도 드라마를 보면 대사까지 다 외울 정도로 초집중해서 보게 되고, 배우들의 몸짓까지 하나하나 살피며 감성에 젖어들고 있다.

독서를 하지 않고 드라마를 통해 몇 시간이고 시간 아까운 줄 모른 채 TV 앞에 앉아 있으면 어느새 하루가 후다닥 지나가고 나중에서야 후회하며 오늘 아무것도 한 것 없이 하루를 보냈다고 한탄한다. 얼마나 생산성 없이 하루를 무의미하게 보냈는지 지금 생각하면 참 아이들 보기에도 낯이 뜨거워진다.

팀 페리스의 『타이탄의 도구들』 중에서 내가 바로 실천에 옮긴 사례를 얘기해보겠다.

"나에게 일어난 멋진 일들을 저장하라."

그는 여자 친구로부터 겉면에 '나에게 일어난 멋진 일들'이라는 글귀가 적힌 투명한 병 하나를 선물 받았다.

"팀, 당신에게 좋은 일들이 일어날 때마다 종이에 적어서 여기에 넣어봐요." 그는 처음엔 심드렁했다. 하지만 선물을 준 그녀에 대한 예의가 아닌 것 같아 짜릿한 흥분이나 기쁨을 제공하는 일이 생길 때마다 그 내용을 간단하게 종이에 적어 병에 넣기 시작했다.

그리고 얼마 후 그의 일상은 몰라보게 활기에 넘치기 시작했다. 멋진 일이 일어났을 때 그걸 머릿속에만 저장해두면 3개월을 가지 못한다. 우리는 불과 석 달 전만 해도 멋지고 기쁜 일이 일어났다는 사실은 까맣게 잊고 다시 우울과 비관 모드에 젖는다. '나에게 일어난 멋진 일들'을 저장하는 병을 갖는 건 이에 대한 매우 지혜로운 처방이다.

외롭고 쓸쓸하고 우울할 때 병 속에서 종이를 꺼내 읽으면 새로운 힘과 에너지를 얻을 수 있다. 아울러 투명한 병에 멋진 일들이 점점 쌓이는 모습을 눈으로 보는 것만으로도 삶의 질은 사뭇 달라진다. 이 책에 등장하는 타이탄들의 성공 비결을 한마디로 요약하자면 '시각화' 다. 긍정적인 일이든 부정적 일이든, 시각화해서 정리하면 현명한 해결책과 효과적인 방법들을 더 많이 얻을 수 있다.

'나에게 일어난 멋진 일들'이라는 이름의 병을 갖는 것도 이와 같은 맥락에 있다. 당신도 한번 시도해보라. 병만 갖고 있어도, 거기에 넣을 멋진 일이 일어날 것이다.

이렇게 나도 이 병을 만들어보았다. '나에게 일어난 멋진 일들'이라는 병을 준비해서 이름을 붙이고 나의 눈에 가장 잘 띄는 곳에 두었다. 그리고 나는 병 한 개를 더 만들었다. '나에게 일어날 멋진 일들'이라는 이름을 붙여 앞으로의 나의 꿈, 나의 목표, 나의 버킷리스트를 적은 메모를 이 병에다 넣어두었다. 이렇게 나의 꿈이 이루어질 때마다 '나에게 일어난 멋진 일들'이라는 병에 옮겨 넣으면 된다.

그리고 매일매일 한 가지씩 감사할 것이나 정 기록할 것이 없으면 사소한 일에 감사를 적어 넣어보기로 했다. '오늘도 무사히'라는 것도 좋다! 나쁜 일이 일어나지 않은 것만으로도 멋진 하루였을 테니까 말이다. 이렇게 독서를 하며 하나하나 실천해보니 너무 재미도 있고, 오늘은 나에게 어떤 멋진 일이 일어날까 하는 기대도 하게 되면서 이유 없이 마음 한쪽에서 행복한 미소가 지어진다. 이렇게 소박하고 멋진 일들, 감사한 일들을 적립해나가는 연습을 하다 보면 아주 엄청난 좋은 일들이 나를 찾아올 것이라는 기대감에 저절로 힘이 난다. 이렇듯 독서를 통하여 이 행복한 감정도 누릴 수 있었다. 카페에서의 차 한 잔과 독서를 통해 최고의 행복을 누릴 수 있는 것에 감사한다.

05

책을 읽는 순간 어제보다 성공한 하루를 보낸 것이다

생활 속에 책이 없다는 것은 햇빛이 없는 것과 같으며,
지혜 속에 책이 없다는 것은 새에 날개가 없는 것과 같다.

– 윌리엄 셰익스피어 –

토마스 C. 콜리의 설문 조사 "인생을 바꾸는 습관의 차이"에 따르면 "부자들과 가난한 사람은 일상습관이 다르다."라는 결과가 나왔다.

◎ 부자들은 매일 30분 이상씩 책을 읽는다는 답이 88%에 달했으나 가난한 사람들은 2%에 불과했다.

◎ 책 읽는 것을 좋아한다는 대답도 부자는 86%였으나 가난한 사람들은 26%에 그쳤다.

◎ 부자들은 매일 해야 할 일을 메모해둔다는 대답이 86%였다. 반면 가난한 사람들은 9%만이 해야 할 일을 기록했다.

◎ 부자들은 80%가 구체적인 목표 달성에 초점을 두는 반면 가난한 사람들은 이 비율이 12%로 낮았다.

◎ 부자들은 67%가 목표를 글로 적어 두는 것에 비해 가난한 사람들은 17%만 목표를 기록했다.

◎ 부자들은 84%가 좋은 습관이 좋은 기회를 만든다고 생각했으나 가난한 사람들은 이 비율이 4%에 불과했다.

◎ 부자들은 76%가 나쁜 습관이 인생에 부정적인 영향을 미친다고 밝혔으나 가난한 사람들은 9%만 그렇다고 대답해 나쁜 습관에 대해 대수롭지 않게 생각하는 경향을 보였다.

(참고: "인생을 바꾸는 습관의 차이", 〈머니 투데이〉, 2015.03.14.)

앞의 자료에서 보아도 나는 이 가난한 사람들의 독서 퍼센트에도 속하질 않았다. 전혀 책에는 관심조차 없었기 때문이다. 이 자료를 보고 있으니 내가 그동안 아무 발전도 없고 가난하게 살 수밖에 없는 현실이 너무도 당연한 것으로 느껴졌다. 내가 조금이라도 더 일찍 독서에 관심을 가지고 독서를 했더라면 나의 미래는 좀 더 빨리 변화되지 않았을까 하는 생각이 든다.

이렇게 성공한 사람과 가난한 사람의 사고의 차이가 확연히 다르므로 결과 또한 다른 게 당연한 것이 아니겠는가. 이토록 가난한 사고를 하는 사람들은 가난하게 살 수밖에 없는 삶을 살고 있다. 독서를 통하여 나의 잘못된 사고를 깨우치고, 나아가 잘못된 습관들 또한 조금씩 고쳐 나감으로써 나의 삶에도 또한 조금씩 빛이 비치기 시작할 것이다.

이구치 아키라의 『부자의 사고 빈자의 사고』를 읽었을 때 내가 얼마나 빈자의 사고로 그동안 살아왔는지 뼈저리게 느꼈고, 책을 통해 나의 삶을 적시했을 때 매우 당황하지 않을 수 없었다.

잠깐 자영업을 하며 실패한 적이 있었다. 그때의 나의 사고는 딱 이 책에서 말하는 빈자의 사고였다. 잠깐 함께 생각하는 시간을 가져보자.

가난한 사람은 자유를 참아 푼돈을 번다. 그러나 부자는 자유를 확보해서 큰돈을 손에 넣는다.

크게 성공한 창업가들을 보면 실제로 과거에 큰 좌절을 겪은 사람이 많다. 회사를 한두 번 말아먹은 것은 물론이고 수십억 원이 넘는 빚을 졌다는 이야기도 자주 듣곤 한다. 이런 창업가들은 어떻게 부활할 수 있었을까? 그건 바로 '자유'다.

"그토록 절약하면서 돈 관리에 신경 썼는데도 사업에 실패하다니, 앞으로는 한 푼도 허투루 쓰지 않겠어. 일단 빚을 갚아야 하니까 밤에 아르바이트라도 해볼까?"

이 창업가는 실패에서 아무것도 배우지 못한 듯하다. 당장 돈을 벌거나 현 상태를 유지할 것만 생각하는 것을 보니 앞으로 재기는 어려워 보인다. 돈 관리는 물론 중요하지만 정말로 큰 부를 얻고 싶다면 돈 버는 환경을 만들 방법을 찾는 일에 온 힘을 쏟아야 한다.

이 부분은 정말 내가 자영업을 하며 실패했을 때의 그 심정이었고 바로 빈자의 사고로 살아온 나의 사업의 결말이었다. 나의 모습을 그대로 글로 표현해놓은 것 같았다.

그럼 부자가 될 창업가의 사고는 어떤 것인가를 한번 알아보자.

"사업에 실패한 일은 분하지만 많은 것을 배울 수 있었어. 일단 빚이 있기는 하지만 고용인 신분으로 돌아갈 마음은 추호도 없어. 내일부터 자유롭게 쓸 수 있는 시간이 잔뜩 있으니 새 사업에 관해 창업가 동료들에게 상담해봐야지."

부자가 되는 사람은 다음의 다섯 가지 자유를 중시한다.

1. 전례에 사로잡히지 않고 생각할 수 있는 '사고의 자유'
2. 생각이 떠올랐을 때 마음껏 행동할 수 있는 '시간의 자유'
3. 사업 기회가 있다면 세계 어느 곳이든지 갈 수 있는 '공간의 자유'

4. 몸과 마음의 상태를 늘 최상으로 유지하기 위해 돈과 시간을 투자할 수 있는 '건강의 자유'

5. 자신이 좋아하는 사람, 자신에게 유익한 사람과 관계를 이어나갈 수 있는 '인간관계의 자유'

– 이구치 아키라, 『부자의 사고 빈자의 사고』

이 자유를 확보하면 선택지는 무한대로 늘어나는 반면 제약 사항이 많으면 많을수록 가능성은 줄어든다.

이런 생각의 차이로 부자의 사고는 다음의 사업 재기에 대한 희망이 보이지만, 빈자의 사고는 재기의 불가능으로 다시 고용인으로 전락하고 마는 사고이며, 이런 사고로는 절대 성공할 수 없다는 사실을 깨달았다.

이 책을 통해 나는 나의 빈자의 사고를 버리고 부자의 사고를 하려고 적지 않은 노력을 기울이고 있고 지금 또한 현재 진행 중이다. 이것이 책을 읽는 순간 어제보다 성공한 오늘의 하루가 된다는 것이 아닐까 하고 생각해본다.

이제 입추가 한 달 남짓 지났다. 아침, 저녁으로 찬 기운이 물씬 풍기며 여름의 텁텁한 공기가 싱그럽고 상쾌한 가을 공기로 바뀌는 계절이다. 갑자기 팔공산 가는 도로변에 은행나무 가로수길이 생각난다.

온통 옐로(Yellow) 카펫으로 깔아주어 달리는 차량의 운전자들에게 '심쿵'을 일으키며 도로를 물들이는 아름다운 풍경이 눈에 선하다. 우리가 매년 보는 나무라 늘 변함없는 나무인 줄 알지만, 나무는 늘 새로운 모습으로 변화하고 다음 해를 맞이하기 위해 새로운 잎을 만들고 떨구는 것을 게을리하지 않는다.

성장을 위해 끊임없이 새 눈을 만들어내고, 불필요한 곁가지들을 과감히 떨구어버린다. 변하지 않는 듯 보이지만 어제와 다른 모습으로 변신을 거듭하며 매년 나무는 다시 태어나는 것이다. 나무에게 살아남기 위한 몸부림을 한번 배워보자.

나이가 들어갈수록 인생에서 어느 순간엔가 어제가 오늘 같고 오늘이 내일 같은 시간이 있을 것이다. 이 얼마나 재미없고 무료한 삶이겠는가. 이것은 변화보다는 몸에 편안함과 익숙함을 선택하기 때문이다. 말로는 새로운 변화를 해야 한다고 하면서 정작 새로운 일에 그 불편함이 두려워 그 어떤 일도 시작하려 하지 않는다.

변화는 나이를 막론하고 항상 이루어져야 한다. 아무리 힘들어도 오늘이 어제와 다르고 오늘이 내일과 다르므로 기대하는 마음으로 살아가는 인생임에 비록 오늘을 망친다고 해도 내일로 만회할 기회가 있기에 살아가는 힘을 얻는다. 지식과 삶의 지혜를 채우기 위해 끊임없이 독서를 하고 책을 읽고 내일을 꿈꾸며 작은 변화를 시도하는 오늘이 쌓여 어느 순간에 달라지는 내일을 맞이하게 되고, 결국 모든 것은 지금보다 매일 모든 면에서 조금씩 좋아지고 성공하는 하루를 보낼 것이다.

06

독서력으로 자신의 한계를 뛰어넘어라

우리는 자신을 이김으로써 자신을 향상한다.
자신과 싸움은 반드시 존재하고, 거기에서 이겨야 한다.

– 에드워드 기번 –

나는 예전에 늘 나에게 '나는 학력이 안 돼서 안 돼,' '나는 외모도 예쁘지 않아서 안 돼.' '할 줄 아는 게 없어 안 돼.' '재능이 없어서 안 돼.' 등등…. 무엇을 할 때마다 시도조차 해보지도 않은 채 한계부터 정하곤 했다. 나 스스로 한계를 정해버리면 그만큼 저 넓은 세상을 보지 못한다. 시간은 계속해서 흐르지만 나는 제자리걸음을 하고 있다.

제자리에서 맴도는 인생이 아닌 하루라도 빨리 자신의 능력을 일깨워 자신이 원하는 미래를 만들어나가야 한다. 그렇지 않으면 어제와 다를 바 없는 오늘의 삶을 살게 될 것이다. 더 열심히 일한다고 해서 사람들이 인정해주는 시대는 지나갔다.

많은 사람이 부정적인 말로 인해 행동도 해보기도 전에 먼저 마음에 한계를 정하고 시도조차 해보지도 않은 채 포기를 해버리고 마는 인생을 살아가고 있다.

그것은 지금 평범한 삶을 사는 사람들의 모습일 것이다.

1%의 사람들은 포기란 모른 채 오히려 자기의 한계가 어느 만큼인지 시험하기를 좋아하며 늘 도전하는 정신을 갈고닦아 실천하고 있다. 그러기에 지금에 99%의 삶을 이끌어가는 1%의 삶을 사는 것인지도 모른다.

나는 독서를 통해 작가의 꿈을 꾸었고, 그것은 바로 나의 한계에 도전하는 것이었다. 한계를 뛰어넘어 도전함으로 나의 꿈을 이루었고 이제는 나의 한계를 미리 정하지 않고, '한번 해보지 뭐!' 하며 바로 행동으로 옮기는 일이 쉬워졌다.

예전에 나는 참으로 부정적인 사람이었다. 매사에 말 한마디 한마디가 '할 수 있다'라는 것이 아니었다. 무엇을 하든 이건 이래서 안 되고, 저건 저래서 안 된다고 변명만 줄줄 늘어놓고 있었다. 그러니 당연히 되는 일이 없고 할 수 있는 일이 없었을 것이다.

성경 말씀에도 "너의 말한 대로 되리라"라고 말씀하셨다. 이토록 말이 얼마만큼 중요한지 알 수 있다. 이래서 사람이 의식부터 성장해야 한다고 하나 보다.

내가 알고 있는 한 친구는 정말 긍정적인 친구다. 그는 매사에 말 한마디, 한마디가 초긍정적이다. 매사에 안 된다고 하는 말이 없다. 어떻게 하든 되는 방법을 찾아내고 그 일을 성취한다. 한번은 뒤늦게 대학 동아리 농구팀에 들어갔다고 한다. 늦게 들어가니 실력이며 모든 면에서 좀 부족한 면이 많았다. 이 친구는 농구에 대해 얼마나 많이 공부하고 연습을 했는지 1년 안에 팀 주장이 되었다.

이 친구는 할 줄 모른다고 자기의 한계를 정하는 것이 아니라 끊임없는 공부와 노력으로 그 한계를 뛰어넘고 말았다. 우리가 한계에 부딪혔다고 하는 것은 핑계에 불과하다.

그것은 '나는 더 노력하고 싶지 않다. 더 힘들어지고 싶지 않다. 더 성장하고 싶지 않다.'라는 말밖에는 되지 않는다. 1만 시간의 법칙에서 하루 3시간씩 매일 연습을 하고 익히면 한 10년 정도의 시간이 지나야 전문가가 된다고 한다. 그러면 하루 6시간씩 아님 9시간의 투자로, 꾸준한 노력이 겸비되어 자기 한계를 뛰어넘은 시간이야말로 참으로 값진 노력의 시간이 될 수 있다.

김연아 선수는 피겨스케이트 선수 시절 한쪽으로만 점프 연습 도중 허리에 무리를 주고 있었다. 스케이트도 맞는 게 없었고 발은 계속 아파져오며 연습을 할 수 없을 정도의 통증으로 그 한때는 스케이트가 타기 싫었다고 한다. 척추가 3.8도까지 휘어지고 발까지 아파 무얼 할 수 없을 지경에 도달했고, 단 하루도 울지 않는 날이 없었다고 한다. 그 힘든 시기를 보내며 어머니랑 김연아 선수는 서로 못 하겠다고 아우성을 치고 있었다.

몇 년째 모든 것을 스케이트 연습에 맞춰서 하고 있으니 지치고 힘든 것이 당연했다. 그러나 인터뷰에서 그녀는 "순위보다는 이번에도 실수했으니까, 다음에는 꼭 실수하지 않는 완벽한 프로그램을 해내고 싶다."라고 했다. 올림픽까지 차근차근 준비해서 올림픽 때 좋은 경기를 했으면 좋겠다고 포부를 밝혔다. 얼마나 많은 회전돌기의 연습으로 넘어지고 일어나는 연습을 하였던가. 그녀는 끊임없는 노력으로 자기 자신의 한계를 뛰어넘은 것이다.

드디어 4년 후 2010 밴쿠버 동계올림픽에서 실수 없이 성공적으로 해내었고 한국 피겨 역사상 처음으로 피겨스케이팅 종목에서 금메달을 따내면서 올림픽 챔피언의 자리에 올랐다. 간절히 바라는 꿈이 있다면 그 꿈을 위해 절대로 포기하지 말라는 메시지를 남겼다.

이것이야말로 진정한 한계를 뛰어넘은 것이 아니겠는가.

지난번에 유튜브 수강 과정이 너무 힘들었다. 컴맹이 유튜브를 배우니 얼마나 서툴고 어렵고, 힘들었겠는가. 이 과정을 재수강함으로 조금씩 나아지고 강사님의 모든 말이 조금씩 귀에 들어오기 시작했다. 계속 끊임없이 노력하고 동영상을 찍고 편집하고 끊임없는 도전을 해야만 나의 한계를 극복할 수 있다.

아무리 힘들어도 이대로 주저앉을 수는 없다. 이것은 내가 변화라는 것을 선택한 이상 내가 반드시 넘어야 할 나 자신의 한계인 것이다.

사이토 다키시는『독서력』에서 이렇게 말했다.

"독서력이 있다는 것은 독서 습관이 배어 있다는 뜻이기도 하다.
별 부담 없이 책을 잡을 수 있고 일상 속에서 자연스럽게
읽을 수 있는 독서가 습관화된 힘, 바로 이것이 독서력이다."

책을 통해 창의력이라는 무기를 만들어 특별한 사람이 되어보자. "책 한 권은 한 사람의 우주이자 세상이다."라는 말이 있다. 그 속에는 작가의 지식, 경험, 노하우, 세상을 더욱 행복하게 바꿀 수 있는 메시지들이

숨겨져 있다.

독서도 마찬가지다. 처음 책을 읽을 때는 왜 책을 읽어야 하는지도 몰랐고 책을 조금 읽다가 끝을 내버리고 도무지 연속으로 읽을 수가 없었다.

그때 책 읽을 수 있는 자투리 시간을 확보하고 매일매일 1분까지만 시작을 했을 때 큰 부담감 없이 할 수 있었다. 이렇게 독서를 하니 책 내용도 눈에 들어오고 책을 제대로 읽을 수도 있었다. 독서를 통해 내가 긍정적인 모습으로 변화한 것처럼 책을 통해서 지금의 자신의 모습을 바꾸어 보자.

책의 내용을 파악하고 읽으니 책은 더욱더 재미가 있었다. 재미 읽게 읽으니 시간이 가는 줄도 모르고 읽게 되었고 그러다 보니 독서 시간이 너무 행복한 시간이 되었고 즐겁게 지낼 수 있었다. 책은 수동적인 나의 삶을 능동적으로 바꿔놓았다.

"인간의 성공은 독서량에 정비례한다. 책을 많이 읽은 사람은 그만큼 위대하게 되는 것이다. 지금 우리 시대에 위대한 사람이 많이 나오지 않는 것은 위대한 사람이 될 만큼의 독서량이 없기 때문이다."

– 랠프 월도 에머슨

각자만의 독서력을 세상에 알리자. 망설이지 말고 자신의 한계를 뛰어넘어보자. 독서를 통하여 나의 꿈과 희망을 품게 되었고, 새로운 삶을 살고 싶은 강한 욕구가 북받쳐 올랐다.

독서를 통하여 나의 꿈을 실현하며 나의 한계에 도전하여 나는 작가라는 꿈을 이루었고, 지금 행복한 삶을 살아가며 많은 사람에게 선한 영향력을 끼치며 살아가고 있다. 지극히 평범한 나 또한 꿈을 이루고 한계를 뛰어넘은 것처럼 분명 독자인 당신도 할 수 있다. 자신감을 가지고 조금이나마 성공이라는 삶을 살고 싶다면 저자의 삶으로 도전해보기 바란다. 누구든 자기만의 이야기가 있기 때문이다. "책은 성공해야 쓰는 것이 아니라 책을 써야 성공한다."라는 말을 꼭 기억하기 바란다.

07

독서는 인생의 차이를 만든다

책은 인생의 험준한 바다를 항해하는 데 도움이 되게끔
남들이 마련해 준 나침반이요, 망원경이요, 육분의요, 도표이다.

– 제시 리 베넷 –

우리는 무언가를 위해 끊임없이 달린다. 때로는 더 좋은 학교에 가기 위해, 또 때로는 좋은 직장을 가기 위해, 더 좋은 직위에 오르고자 열심히 달린다. 경쟁은 날로 더욱 치열해지고 그 속에서 살아남는 사람만이 성공하는 것 같다.

무엇이 인생의 차이를 만드는 것일까?

인생의 차이를 결정짓는 요소들은 여러 가지가 있다. 그중에 나는 독서를 강조한다. 왜냐하면, 독서를 하기 전에 나는 우물 안 개구리였기 때문이다. 짧은 학교생활에서의 배움과 주위 사람들이 말해준 내용만을 가지고 생각하고 판단해서 앞날을 결정짓곤 했다.

그들 자신도 자신의 미래에 대해 명확한 결정을 내리지 못하는 상황임에도, 나는 다른 사람들의 말에 나 자신의 미래를 맡기는 아주 어리석은 행동을 하며 살아왔다. 나 자신의 인생을 책임지지 못하는 비겁한 겁쟁이였다.

우물 안 개구리에게는 우물 밖의 세상은 용기와 결단이며 자신의 한계를 뛰어넘어야 하는 세계이다. 지금껏 겪어보지 못한 세계로 간다는 일은 곳곳에 도사린 많은 위험을 감수해야 하는 일이고, 엄청난 두려움을 안고 그동안 누렸던 익숙한 것들을 포기해야 하는 일이다. 내가 우물 밖으로 나간 첫 도전은 전전 직장인 식품회사를 그만두었을 때이다.

나이는 많아지고 어디를 취업하려 해도 쉽지 않은 조건이지만 우선 달콤한 200~300의 월급을 저버리고 '동기부여가, 작가의 꿈'을 위해 과감히 포기했다. 나에게 가족과 많은 사람이 질문했다.

"그 나이에 이제 어디를 가려고? 이제 취업할 데도 없고 무리한 도전은 위험한 거야."

"직장을 다니면서 충분히 준비할 수 있어."

이런 말들은 순간 나의 마음을 충분히 흔들리게 했다. 하지만 이 직장에서는 무엇인가 새로운 것을 준비하고, 시작하기에 어려운 점이 한두 가지가 아니었다.

첫째, 하루 근무 10시간이 너무 길어 나의 미래를 준비할 수 없었다. 둘째, 단순직으로 계속 좁은 우물 안에 있으면 더 넓은 세상을 볼 수도, 생각할 수도 없어서이다. 셋째, 200~300 월급은 나의 가정에 아주 큰 경제를 담당하고 있다. 하지만 한 치 앞의 달콤함으로 인해 나의 인생이 200~300의 월급 족쇄에 묶여 평생을 다람쥐 쳇바퀴 돌듯 돌아야 한다.

이렇게 그만두어야 할 몇 가지를 정리해보니 더욱 이유가 명확해졌다. 과감하게 행동으로 옮길 수 있었던 것은 독서야말로 우물 안 개구리에서 나를 탈출하게 만드는 유일한 방법임을 깨달았기 때문이다.

오직 돈을 벌기 위해 직장을 다니는 것은 나 자신에게 도움이 되질 않는다. 전전 직장에 그대로 머물러 있었다면 남들처럼 평범하게, 익숙하게 살아가고 있겠지만 그 시간만큼 발전할 수 없는 사람으로 자신을 동여매고 있을 것이다.

결국, 지금 다니고 있는 직장도 언젠가는 그만두고 나와야 한다. 하고 싶은 일을 하며 살아가기에도 인생은 짧다. 우물 안에서 처음부터 혼자 뛰어나오기란 쉬운 일이 아니다.

이미 우물 밖으로 나와 다른 세계를 경험한 사람들의 도움을 받아 한 발자국씩 나아가야 한다. 나는 내가 그동안 읽어온 책들에서 직장에 얽매이지 않고 자신이 추구하는 소명을 따르며 살아가는 사람들을 보며 자극과 동기부여를 받는다. 나 역시 그 사람들처럼 소명을 따르는 삶을 살겠다는 꿈을 일깨웠다.

"작은 행동들이 모여서 결국 큰 결과를 만들어낸다."라는 말이 있다. 동기부여가가 되어 다른 사람들에게 내가 가지고 있는 지식, 경험, 노하우를 알려줌으로써 그들이 더 잘되기를 바라는 마음이 행동으로 이어졌다. 나의 스토리가 담긴 책을 펴내어 작가의 꿈을 가진 사람들을 도와주는 책 쓰기 코치이자 동기부여가로 거듭날 수 있었다.

지금의 내 모습까지 오는 과정에서 수많은 두려움과 불안감이 엄습해왔다. 하지만 성공한 사람들처럼 끝까지 포기하지 않고 나에 대한 믿음을 지키며 어려움을 극복해왔다. 스스로에 대한 믿음이 없으면 무엇을 하든 쉽게 포기하게 된다. 나 역시 자투리 시간을 이용해 독서와 책을 쓰기 전에는 쉽게 포기하는 사람 중의 한 명이었다.

예전에 검정고시 시험을 준비할 때 '주경야독'으로 공부하던 시절이 있었다. 낮에는 근무하고 밤에 검정고시 공부를 하며 경제와 환경 자체가 힘이 들고, 공부도 생각보다 머릿속에 잘 들어오지 않고, 예비시험을 쳐 보면 성적은 생각대로 잘 나오지 않아 심적으로 몹시 힘들었다. 낙망하고 실망하며 '내가 이제 이 공부해서 뭐 하겠냐.' 하며 '나는 역시 공부하는 체질이 아니구나.' 하는 부정적인 생각과 함께 쉽게 포기해버렸다.

공부뿐만이 아니라 무엇을 하나 제대로 끝을 맺어본 적이 없었다. 이렇게 평범한 나도 독서를 시작하게 되면서 많은 새로운 변화가 일어났다. 특히 부정적인 생각을 벗어버리고, 긍정적인 관점으로 세상을 바라볼 힘을 기를 수 있게 된 것은 아주 큰 변화이다.

앞에서 잠깐 언급했듯이 건강이 너무 나빠 필라테스 운동을 한 적이 있다. 이 운동은 속 근육을 단련해주는 운동이다. 나의 몸은 얼마나 운동을 하지 않았으면 근육이라곤 찾아볼 수 없을 정도로 건강이 악화하였다.

심지어 우리 집은 빌라라 계단을 이용해야만 하는데 그 계단을 안전 기둥을 잡지 않고는 올라갈 수가 없었다. 그런 이유로 필라테스 운동을 시작하게 되었는데, 우리의 몸은 참으로 신기하게도 조금만 운동을 하면 회복력이 매우 빠르다.

시작한 지 어느 정도의 기간이 지나가니 다리에 근육이 생기고 힘을 얻어 안전 기둥을 잡지 않고도 거뜬히 아주 힘차게 계단을 올라가는 나의 모습을 보게 되었다. 올라다니던 계단이 전에는 지옥 같은 느낌이었는데, 지금은 계단 오르는 것이 아주 행복한 시간이다. 독서도 마찬가지다. 평소에 얼마나 많은 시간을 독서에 투자하느냐에 따라 결정적인 순간에 도달하게 되면 그동안 자신이 읽어온 책들을 바탕으로 현명한 지혜를 발휘할 수 있다. 그래서 다른 사람들의 인생과 차이가 나게 되는 것이다.

나이가 들어갈수록 어려움과 시련이라는 난관 앞에서 문제를 풀 수 있는 해결 능력이 필수가 된다. 기회는 항상 미리미리 준비하는 사람에게 주어진다. 무엇이든 미리 준비하지 않으면 두렵고 불안해진다. 직장인들이 직장을 다니면서 두렵고 불안한 이유는 월급이 아니면 미래가 막막하기 때문이다. 나 역시 직장을 다니면서 불안했지만, 끊임없는 반복된 자투리 시간으로 독서를 하며 나약한 마음을 버리고 강한 마음으로 성장을 시켰다.

평범함, 꾸준함이 반복될 때 비로소 특별함이 나타난다. 나는 불안감에서 벗어나고자 자투리 독서를 반복했다. 남들과 같이 평범하지만 확연히 다른 작가, 강연가, 코치가 될 수 있었다.

조금만 주위를 둘러보면 자기 자신에게 소중한 책들이 많이 있다. 자기의 인생을 변화시키고 마음의 그릇을 키우는 훌륭한 책들 말이다. 하지만 많은 사람이 책의 중요성, 귀중함을 모른 채 외면하고 있다.

한 권의 책을 통해 지금과는 또 다른 인생을 시작할 수 있는데도 말이다.

나라는 존재는 이 지구상에 단 한 명뿐이다. 당신 안의 잠재력을 독서를 통해 깨워야 한다. 당신은 당신이 원하는 미래를 이룰 힘을 지니고 있다. 수많은 책을 읽을수록 겉으로 보이는 지식이나 능력, 외모뿐만이 아니라 내적인 성장도 함께 이루어지기 때문에 한 사람의 의식 변화는 곧 인생의 변화로 이어지게 된다. 결국, 한 권의 책을 통해 얼마나 깊이 있게 내용을 자신의 것으로 만들어서 행동으로 옮겼느냐에 따라 인생에 차이가 생기게 될 것이다.

Ablaßgebet.
Sieh, o gütiger
Jesu, vor deinem
werfe ich mich auf die
der und bitte und beschwör
mit der heißesten Inbrunst
ner Seele: präge in mein
die lebhaftesten Gefühle
Glaubens, der Hoffnung und
Liebe ein und verleihe mir eine

독서로 인생의 터닝 포인트를 맞이하라

나는 지극히 평범한 사람이었다. 아니 평범 그 이하였다. 가진 것 하나 없고 내세울 만한 것 하나 없이 살아온 인생이었다. 하지만 내가 유일하게 자랑하고 싶은 것이 있다. 그것은 누구도 상상할 수 없는 나만의 큰 꿈을 가지고 있다는 것이다. 코로나로 인해 힘든 상황 속에서 젖 먹던 힘까지 내어 견디는 사람, 견디다 견디다 견디지 못하고 인생을 포기해버리는 사람들이 수없이 많이 발생하고 있다.

하지만 죽을 것같이 힘든 시간이더라도 이 앙다물고 버티다 보면 이 또한 지나가리라. 나도 예전에는 남편과의 갈등과 경제적인 힘든 상황, 환경 속에서 꼭 나 자신이 마른오징어로 만들어지는 것 같은 시간도 있었다. 시간이 흘러 과거를 돌아보면 참 그때 잘 참고 견뎌냈다는 자신에 대한 대견함에 찬사를 보낼 수 있는 날이 올 것이다. 아무리 힘든 상황이라도 희망과 꿈을 잊지 말자. 그것이 우리가 살아갈 유일한 이유이다.

"위대한 발명가 에디슨은 백열등을 발명하기 전 수만 번의 실패를 거듭했다. 겨우 한두 번의 실패로 좌절하거나 포기하지 마라."

– 나폴레온 힐

나폴레온 힐의 말처럼 지금 힘들고 세상 다 끝난 것처럼 힘든 실패를 했을지라도 절대로 좌절하거나 포기하지 않기를 바란다. 아무 보잘것없는 나도 수많은 실패를 한 인생이지만 포기하지 않았음에 작가라는 꿈을 이루었고 선한 영향력을 끼치는 사람으로 살아가고 있다.

내가 이 책을 쓴 이유는 나와 같이 실패의 연속이고, 자존감 낮은 사람들에게 동기부여를 주고 용기를 가지게 해주며 꿈을 찾을 수 있게 도와주기 위함이다.

하물며 독자는 여기까지 독서를 해온 것을 보면 반드시 당신은 성공할 수 있는 DNA를 가지고 있다. 반드시 독서로 성공할 수 있고 당신의 미래가 수정될 수 있으니 내가 해낼 수 있을까 하는 이런 두려움 때문에 꿈을 미리 포기하지 않기를 바란다. 지금 당장 독자의 마음의 소리에 귀를 기울여 실천하라. 지금 하지 않으면 언제 또 하겠는가? 눈 딱 감고 바로 마음이 시키는 대로 실천하라. 그러면 독자의 인생이 새로운 터닝 포인트를 맞이하게 될 것이다.

"두려워서 시도하지 않는 것이 아니라, 시도하지 않아서 두려움이 생기는 것이다."

– 토니 로빈스

지금 그 '무언가를 시도하지 않으면 당신의 인생에서 그 어떤 일도 일어나지 않는다.'는 사실을 기억하기 바란다. 성공은 '나는 할 수 있다.'라고 하는 사람에게 찾아오는 것이다.